二十四史

卷四

[西汉]司马迁 著
李楠 编译

包拯列传第七十五

包拯，字希仁，庐州合肥人也。始举进士，除大理评事，出知建昌县。以父母皆老，辞不就。得监和州税，父母又不欲行，拯即解官归养。后数年，亲继亡，拯庐墓终丧，犹徘徊不忍去，里中父老数来劝勉。久之，赴调，知天长县。有盗割人牛舌者，主来诉。拯曰：『第归，杀而鬻之。』寻复有来告私杀牛者，拯曰：『何为割牛舌而又告之？』盗惊服。徙知端州，迁殿中丞。端土产砚，前守缘贡，率取数十倍以遗权贵。拯命制者才足贡数，岁满不持一砚归。

寻拜监察御史里行，改监察御史。时张尧佐除节度、宣徽两使，右司谏张择行、唐介与拯共论之，语甚切。又尝建言曰：『国家岁赂契丹，非御戎之策，宜练兵选将，务实边备。』又请重门下封驳之制，及废锢赃吏，选守宰，行考试补荫弟子之法。当时诸道转运加按察使，其奏劾官吏多摭细故，务苛察相高尚，吏不自安，拯于是请罢按察使。

去使契丹，契丹令典客谓拯曰：『雄州新开便门，乃欲诱我叛人，以刺疆事耶？』拯曰：『涿州亦尝开门矣，刺疆事何必开便门哉？』其人遂无以对。

历三司户部判官，出为京东转运使，改尚书工部员外郎、直集贤院，徙陕西，又徙河北，入为三司户部副使。秦陇斜谷务造船材木，率课取于民；又七州出赋河桥竹索，恒数十万，拯皆奏罢之。契丹聚兵近塞，边郡稍警，命拯往河北调发军食。拯曰：『漳河沃壤，人不得耕，邢、洺、赵三州民田万五千顷，率用牧马，请悉以赋民。』从之。解州盐法率病民，拯往经度之，请一切通商贩。

除天章阁待制、知谏院。数论斥权幸大臣，请罢一切内除曲恩。又列上唐魏郑公三疏，愿置之坐右，以为龟鉴。又上言天子当明听纳，辨朋党，惜人才，不主先入之说，凡七事；请去刻薄，抑侥幸，正刑明禁，戒兴作，禁妖妄。朝廷多施行之。

除龙图阁直学士、河北都转运使。尝建议无事时徙兵内地，不报。至是，请：『罢河北屯兵，分之河南兖、郓、齐、濮、曹、济诸郡，设有警，无后期之忧。借曰戍兵不可遽减，请训练义勇，少给糇粮，每岁之费，不当屯兵一月之用，一州之赋，则所给者多矣。』不报。徙知瀛州，诸州以公钱贸易，积岁所负十余万，悉奏除之。以丧子乞便郡，知扬州，徙庐州，迁刑部郎中。坐失保任，左授兵部员外郎、知池州。

复官，徙江宁府，召权知开封府，迁右司郎中。拯立朝刚毅，贵戚宦官为之敛手，闻者皆惮之。人以包拯笑比黄河清，童稚妇女，亦知其名，呼曰『包待制』。京师为之语曰：『关节不到，有阎罗包老。』旧制，凡讼诉不得径造庭下。拯开正门，使得至前陈曲直，吏不敢欺。中官势族筑园榭，侵惠民河，以故河塞不通，适京师大水，拯乃悉毁去。或持地券自言有伪增步数者，皆审验劾奏之。

迁谏议大夫、权御史中丞。奏曰：『东宫虚位日久，天下以为忧，陛下持久不决，何也？』仁宗曰：『卿欲谁立？』拯曰：『臣不才备位，乞豫建太子者，为宗庙万世计也。陛下问臣欲谁立，是疑臣也。臣年七十，且无子，非邀福者。』帝喜曰：『徐当议之。』请裁抑内侍，减节冗费，条责诸路监司，御史府得自举属官，减一岁休暇日，事皆施行。

张方平为三司使，坐买豪民产，拯劾奏罢之；而宋祁代方平，拯又论之；祁罢，而拯以枢密直学士权三司使。欧阳修言：『拯所谓牵牛蹊田而夺之牛，罚已重矣，又贪其富，不亦甚乎！』拯因家居避命，久之乃出。其在三司，凡诸管库供上物，旧皆科率外郡，积以困民。拯特为置场和市，民得无扰。吏负钱帛多缧系，间辄逃去，并械其妻子者，类皆释之。迁给事中，为三司使。数日，拜枢密副使。顷之，迁礼部侍郎，辞不受，寻以疾卒，年六十四。赠礼部尚书，谥孝肃。

拯性峭直，恶吏苛刻，务敦厚，虽甚嫉恶，而未尝不推以忠恕也。与人不苟合，不伪辞色悦人，平居无私书，故人、亲党皆绝之。虽贵，衣服、器用、饮食如布衣时。尝曰：『后世子孙仕宦，有犯赃者，不得放归本家，死不得葬大茔中。不从吾志，非吾子若孙也。』初，有子名繶，娶崔氏，通判潭州，卒。崔守死，不更嫁。拯尝出其媵，在父母家生子，崔密抚其母，使谨视之。繶死后，取媵子归，名曰綖。有奏议十五卷。

【译文】

包拯，字希仁，庐州合肥人。刚中进士时，朝廷授他大理评事，派遣他担任建昌县知县。他以自己父母都已年老，辞谢没有就职。又得到监和州税的差遣，包拯的父母还是不愿意离开家乡，他就辞官回乡奉养双亲。过了几年，父母相继去世，他在父母的墓旁建起茅屋守丧到期满，仍然在墓旁徘徊不忍离去，乡里的父老多次来劝勉安慰他。过了较长的时间，包拯听从调遣，任天长县知县。有人偷偷将别人耕牛的舌头割掉，耕牛的主人到县衙告状。包拯对牛主人说：『你立即回去，把牛杀掉卖肉。』不久就有人来告发牛主人私自宰杀耕牛。包拯对这个人说：『你为什么割掉别人耕牛的舌头而又来告发别人呢？』这个盗贼大吃一惊地认了罪。包拯调任端州知州，并迁升为殿中丞。端州的特产是砚台，以前的知州总是借进贡端砚为名，敛取几十倍于进贡定额的砚台，用来送给朝廷的权贵。包拯命令只制作刚够进贡之数的砚台，他任职期满离开端州时没有带走一块砚台。

不久包拯被任命为监察御史里行，后改任监察御史。当时张尧佐被授予节度使、宣徽使两种官职，右司谏张择行、唐介和包拯一起评论这件事，言语激切。他又曾经建议说：『国家年年送给契丹财物，这不是抵御契丹的办法，应该训练士兵，选拔将才，大力充实边境的守备力量。』又请求重视门下省封还和驳正诏命的制度，以及罢免、禁锢贪官污吏，选拔地方长官，推行考试官员子弟恩荫补官的方法。当时各路转运使兼任按察使，他们上奏弹劾官吏大多是收集这些官吏的细小过失，力求用苛刻的审查以标榜自己的高尚，使州县官吏惴惴不安，于是包拯请求罢除按察使。

包拯奉命出使契丹，契丹命令典客对包拯说：『雄州新开了一座便门，是否打算引诱我国的叛徒，用来刺探我国边境机密？』包拯回答说：『涿州也曾开过便门，刺探边境机密又何必开便门呢？』于是那个典客无言以对。

包拯任三司户部判官后，出任京东转运使，又改任尚书工部员外郎、直集贤院，调任陕西转运使，再调任河北转运使，入朝任三司户部副使。秦陇斜谷务造船所用的木材物料，全部作为课税取自百姓；还有七个州要出河桥竹索的税钱，通常达几十万缗，包拯都奏明皇帝予以废除。契丹在接近宋朝边境要塞的地方聚集军队，边境州县逐渐出现紧张气氛。朝廷命令包拯往河北调运军粮。包拯说：『漳河附近土地肥沃，而百姓得不到耕种，邢州、洺州、赵州三州的民田一万五千顷，都用来牧马，请朝廷全部分给百姓耕种交租。』朝廷同意了他这个建议。解州的盐法总是损害百姓，包拯前往那里经营规划，请求一切通商，禁止官府专卖。

包拯任天章阁待制、知谏院。多次评论斥责皇帝亲近的权贵宠臣，请求废除一切皇帝从内廷而不经过有关机构降下的恩命。又分别进上唐朝魏征的三道奏疏，希望皇帝能把它放在座右，作为龟鉴。还上书皇帝，指出天子应当明于听取采纳正确的见解，辨别朋党，爱惜人才，不要有先入为主的看法等七件事；同时要求皇帝清除刻薄之人，抑制侥幸之辈，纠正刑法，申明禁令，不要大兴土木，禁止妖言惑众的不法活动。这些建议多数为朝廷采纳实行。

包拯任龙图阁直学士、河北都转运使。曾经建议边境没有事情的时候把军队调到内地，没有得到答复。到这时，包拯要求：『取消河北的屯兵，将军队分别调往河南的兖、郓、齐、濮、曹、济等州，假如遇有紧急情况，也不会有误期的忧虑。如果说边境驻军不能大量减少，那么请训练义勇，少许供给他们点干粮，每年的花费不到屯驻部队一个月的费用，这样一个州的财赋，能够供给的部队多了。』还是没有得到答复。调任瀛洲知州，各州都用公家的钱从事贸易，多年来亏损了十多万贯，包拯上奏全部免除了这笔钱款。包拯因儿子去世请求在家乡附近的州郡任职，朝廷派他为扬州知州，调任庐州知州，迁刑部郎中。由于保举人失误，降为兵部员外郎、池州知州。

包拯复官刑部郎中，调任江宁府知府。奉诏入京权知开封府，升为右司郎中。包拯在朝为人刚强坚毅，皇亲贵戚、内侍宦官因而有所收敛，听到他名字的人都感到害怕。人们把包拯笑比作难以见到的黄河清，儿童妇女也都知道包拯的名字，称呼他为『包待制』。京城里流传着这样的话：『关节不到，有阎罗包老。』过去制度规定，凡是打官司的人，不能直接到官衙庭下投诉。包拯大开开封府衙正门，使告状的人可以直到官衙陈述案情的是非曲直，这样，府吏不敢从中欺骗。宦官和势家大族建筑园第亭榭时，侵占了惠民河岸边土地，因此造成河道堵塞不通，恰逢京城发大水，包拯下令将这些建筑全部拆毁。有人拿着地契说上面写明如此，实际是弄虚作假增大土地面积的，包拯全都查明验实，上奏弹劾他们弄虚作假的行为。

包拯升任谏议大夫、权御史中丞。上奏说：『东宫太子的位置空缺时间已经很长了，天下人为此很忧虑，陛下长期不做立太子的决定，是为什么呢？』仁宗说：『你看应该立谁为太子？』包拯回答说：『我以低下的才智供职朝廷，所以恳请预先确立太子，是为大宋江山千秋万世考虑。陛下问我谁可以立为太子，是怀疑我了。我已经七（应是六）十岁了，而且没有儿子，并不谋求日后的富贵。』仁宗高兴地说：『这件事还是慢慢商议。』包拯请求裁减和抑制宦官，节减不必要的开支，按条文要求各路监司尽职，御史府可以自行举荐所属官吏，减少一年的休假日，这些建议都得到了施行。

张方平担任三司使，由于买豪民的产业，包拯上奏弹劾，朝廷免去了张方平的三司使职务；宋祁代替张方平后，包拯又上疏抨击；宋祁也被免职，而朝廷任命包拯以枢密直学士之职权三司使。欧阳修说：『包拯这样做是所谓的人牵牛踩了别人的田，别人就把他的牛夺为己有，惩罚已经很重了。还要贪图他的富有，这不是太过分了吗！』包拯因此在家回避任命，过了很长时间才就职。包拯在三司时，凡是仓库里供应皇宫的物品，过去都是摊派到外地州县，增加了百姓负担，包拯特地设置场务机构向百姓购买这些物品，使百姓没有了这项困扰。三司吏员亏空了钱帛的大多被关押起来，其间有些人逃跑了，就把他们的妻子儿女关押起来，凡是这类人，包拯都把他们释放了。升为给事中，任三司使。几天后，被任命为枢密副使。不久，升任礼部侍郎，包拯辞谢不受命，很快便因病去世，终年六十四岁。朝廷追赠他为礼部尚书，谥号孝肃。

包拯性格严峻刚直，痛恶官吏的苛刻，做事力求诚朴宽厚，虽然疾恶如仇，然而未曾不以忠恕之道待人。与人交往不随意附和，不以虚伪的言辞和笑脸取悦于人。平时没有私人信件往来，和朋友、亲戚都断绝了来往。虽然身居高位，但衣服、器用、饮食如同没有做官时一样。他曾经说：『我的后代子孙做官，如有犯贪污罪的，不准放他进入家门，死后也不准埋葬到我家的墓地里。不遵从我的这个志向，就不是我的子孙。』以前，包拯有个儿子名叫繶，娶妻崔氏，任潭州通判，已死。崔氏守节到死，没有改嫁。包拯曾经逐走一位偏房，这位小妾在自己父母家生了一个儿子。崔氏秘密供养孩子的母亲，要她仔细照看孩子，包繶死后，就把妾生的儿子接回来了，取名叫綖。包拯有奏议十五卷。

文天祥列传第一百七十七

文天祥，字宋瑞，又字履善，吉之吉水人也。体貌丰伟，美䄂如玉，秀眉而长目，顾盼烨然。自为童子时，见学宫所祠乡先生欧阳修、杨邦乂、胡铨像，皆谥『忠』，即欣然慕之。曰：『没不俎豆其间，非夫也。』年二十举进士，对策集英殿。时理宗在位久，政理浸怠，天祥以法天不息为对，其言万余，不为稿，一挥而成。帝亲拔为第一。考官王应麟奏曰：『是卷古谊若龟鉴，忠肝如铁石，臣敢为得人贺。』寻丁父忧，归。

开庆初，大元兵伐宋，宦官董宋臣说上迁都，人莫敢议其非者。天祥时入为宁海军节度判官，上书『乞斩宋臣，以一人心』。不报，即自免归。后稍迁至刑部郎官。宋臣复入为都知，天祥又上书极言其罪，亦不报。出守瑞州，改江西提刑，迁尚书左司郎官，累为台臣论罢。除军器监兼权直学士院。贾似道称病，乞致壮，以要君，有诏不允。天祥当制，语皆讽似道。时内制相承皆呈稿，天祥不呈稿，似道不乐，使台臣张志立劾罢之。天祥既数斥，援钱若水例致仕，时年三十七。

咸淳九年，起为湖南提刑，因见故相江万里。万里素奇天祥志节，语及国事，愀然曰：『吾老矣，观天时人事当有变，吾阅人多矣，世道之责，其在君乎？君其勉之。』十年，改知赣州。

德祐初，江上报急，诏天下勤王。天祥捧诏涕泣，使陈继周发郡中豪杰，并结溪峒蛮，使方兴召吉州兵，诸豪杰皆应，有众万人。事闻，以江西提刑安抚吏召入卫。其友止之，曰：『今大兵三道鼓行，破郊畿，薄内地，君以乌合万余赴之，是何异驱群羊而搏猛虎。』天祥曰：『吾亦知其然也。第国家养育臣庶三百余年，一旦有急，征天下兵，无一人一骑入关者，吾深恨于此。故不自量力，而以身徇之，庶天下忠臣义士将有闻风而起者。义胜者谋立，人众者功济，如此则社稷犹可保也。』

天祥性豪华，平生自奉甚厚，声伎满前。至是，痛自贬损，尽以家赀为军费。每与宾佐语及时事，辄流涕，抚几言曰：

『乐人之乐者忧人之忧，食人之食者死人之事。』八月，天祥提兵至临安，除知平江府。时以丞相宜中未还朝，不遣。十月，宜中至，始遣之。朝议方擢吕师孟为兵部尚书，封吕文德和义郡王，欲赖以求好。师孟益偃蹇自肆。

天祥陛辞，上疏言：『朝廷姑息牵制之意多，奋发刚断之义少，乞斩师孟衅鼓，以作将士之气。』且言：『宋惩五季之乱，削藩镇，建郡邑，一时虽足以矫尾大之弊，然国亦以寖弱。故敌至一州则破一州，至一县则破一县，中原陆沉，痛悔何及。今宜分天下为四镇，建都督统御于其中。以广西益湖南而建阃于长沙；以广东益江西而建阃于隆兴；以福建益江东而建阃于番阳；以淮西益淮东而建阃于扬州。责长沙取鄂，隆兴取蕲、黄，番阳取江东，扬州取两淮，使其地大力众，足以抗敌。约日齐奋，有进无退，日夜以图之，彼备多力分，疲于奔命，而吾民之豪杰者又伺间出于其中，如此则敌不难却也。』时议以天祥论阔远，书奏不报。

十月，天祥入平江，大元兵已发金陵入常州矣。天祥遣其将朱华、尹玉、麻士龙与张全援常，至虞桥，士龙战死，朱华以广军战五牧，败绩，玉军亦败，争渡水，挽全军舟，全军断其指，皆溺死，玉以残兵五百人夜战，比旦皆没。全不发一矢，走归。大元兵破常州，入独松关。宜中、梦炎召天祥，弃平江，守余杭。

明年正月，除知临安府。未几，宋降，宜中、世杰皆去。仍除天祥枢密使。寻除右丞相兼枢密使，使如军中请和，与大元丞相伯颜抗论皋亭山。丞相怒拘之，偕左丞相吴坚、右丞相贾余庆、知枢密院事谢堂、签书枢密院事家铉翁、同签书枢密院事刘岊，北至镇江。天祥与其客杜浒十二人，夜亡入真州。苗再成出迎，喜且泣曰：『两淮兵足以兴复，特二阃小隙，不能合从耳。』天祥问：『计将安出？』再成曰：『今先约淮西兵趋建康，彼必悉力以捍吾西兵。指挥东诸将，以通、泰兵攻湾头，以高邮、宝应、淮安兵攻杨子桥，以扬兵攻瓜步，吾以舟师直捣镇江，同日大举。湾头、杨子桥皆沿江脆兵，且日夜望我师之至，攻之即下。合攻瓜步之三面，吾自江中一面薄之，虽有智者不能为之谋矣。瓜步既举，以东兵入京口，西兵入金陵，要浙归路，其大帅可坐致也。』天祥大称善，即以书遗二制置，遣使四出约结。

天祥未至时，扬有脱归兵言：『密遣一丞相入真州说降矣。』庭芝信之，以为天祥来说降也。使再成亟杀之。再成不忍，绐天祥出相城垒，以制司文示之，闭之门外。久之，复遣二路分觇天祥，果说降者即杀之。二路分与天祥语，见其忠义，亦不忍杀，以兵二十人道之扬，四鼓抵城下，闻候门者谈，制置司下令备文丞相甚急，众相顾吐舌，乃东入海道，遇兵，伏环堵中得免。然亦饥莫能起，从樵者乞得余糁羹。行入板桥，兵又至，众走伏丛筱中，兵入索之，执杜浒、金应而去。虞候张庆矢中目，身被二创，天祥偶不见获。浒、应解所怀金与卒，获免，募二樵者以蒉荷天祥至高邮，泛海至温州。

闻益王未立，乃上表劝进，以观文殿学士、侍读召至福，拜右丞相。寻与宜中等议不合。七月，乃以同都督出江西，遂行，收兵入汀州。十月，遣参谋赵时赏、谘议赵孟潆将一军取宁都，参赞吴浚将一军取雩都，刘洙、萧明哲、陈子敬皆自江西起兵来会。邹洬以招谕副使聚兵宁都，大元兵攻之，洬兵败，同起事者刘钦、鞠华叔、颜斯立、颜起岩皆死。武冈教授罗开礼，起兵复永丰县，已而兵败被执，死于狱。天祥闻开礼死，制服哭之哀。

至元十四年正月，大元兵入汀州，天祥遂移漳州，乞入卫。时赏、孟潆亦提兵归，独浚兵不至。未几，浚降，来说天祥。天祥缚浚，缢杀之。四月，入梅州，都统王福、钱汉英跋扈，斩以徇。五月，出江西，入会昌。六月，入兴国县。七月，遣参谋张汴、监军赵时赏、赵孟潆等盛兵薄赣城，邹洬以赣诸县兵捣永丰，其副黎贵达以吉诸县兵攻泰和。吉八县复其半，惟赣不下。临洪诸郡，皆送款。潭赵璠、张虎、张唐、熊桂、刘斗元、吴希奭、陈子全、王梦应起兵邵、永间，复数县，抚州何时等皆起兵应天祥。分宁、武宁、建昌三县豪杰，皆遣人如军中受约束。

江西宣慰使李恒遣兵援赣州，而自将兵攻天祥于兴国。天祥不意恒兵猝至，乃引兵走，即邹洬于永丰。洬兵先溃，恒穷追天祥方石岭。巩信拒战，箭被体，死之。至空坑，军士皆溃，天祥妻妾子女皆见执。时赏坐肩舆，后兵问谓谁，时赏曰『我姓文』，众以为天祥，禽之而归，天祥以此得逸去。

孙枽、彭震龙、张汴死于兵，缪朝宗自缢死。吴文炳、林栋、刘洙皆被执归隆兴。时赏奋骂不屈，有系累至者，辄麾去，云：『小小签厅官耳，执此何为？』由是得脱者甚众。临刑，洙颇自辩，时赏叱曰：『死耳，何必然？』于是栋、文柄、萧敬夫、萧焘夫皆不免。

天祥收残兵奔循州，驻南岭。黎贵达潜谋降，执而杀之。至元十五年三月，进屯丽江浦。六月，入船澳。益王殂，卫王继立。天祥上表自劾，乞入朝，不许。八月，加天祥少保、信国公。军中疫且起，兵士死者数百人。天祥惟一子，与其母皆死。十一月，进屯潮阳县。潮州盗陈懿、刘兴数叛附，为潮人害。天祥攻走懿，执兴诛之。十二月，趋南岭，邹㵯、刘子俊又自江西起兵来，再攻懿党，懿乃潜道元帅张弘范兵济潮阳。天祥方饭五坡岭，张弘范兵突至，众不及战，皆顿首伏草莽。天祥仓皇出走，千户王惟义前执之。天祥吞脑子，不死。邹㵯自颈，众扶入南岭死。官属士卒得脱空坑者，至是刘子俊、陈龙复、萧明哲、萧资皆死，杜浒被执，以忧死。惟赵孟溁遁，张唐、熊桂、吴希奭、陈子全兵败被获，俱死焉。唐，广汉张栻后也。

天祥至潮阳，见弘范，左右命之拜，不拜，弘范遂以客礼见之，与俱入厓山，使为书招张世杰。天祥曰：『吾不能捍父母，乃教人叛父母，可乎？』索之固，乃书所过《零丁洋诗》与之。其末有云：『人生自古谁无死，留取丹心照汗青。』弘范笑而置之。厓山破，军中置酒大会，弘范曰：『国亡，丞相忠孝尽矣，能改心以事宋者事皇上，将不失为宰相也。』天祥泫然出涕，曰：『国亡不能救，为人臣者死有余罪，况敢逃其死而二其心乎。』弘范义之，遣使护送天祥至京师。

天祥在道，不食八日，不死，即复食。至燕，馆人供张甚盛，天祥不寝处，坐达旦。遂移兵马司，设卒以守之。时世祖皇帝多求才南官，王积翁言：『南人无如天祥者。』遂遣积翁谕旨，天祥曰：『国亡，吾分一死矣。傥缘宽假，得以黄冠归故乡，他日以方外备顾问，可也。若遽官之，非直亡国之大夫不可与图存，举其平生而尽弃之，将焉用我？』积翁欲合宋官谢昌元等十人请释天祥为道士，留梦炎不可，曰：『天祥出，复号召江南，置吾十人于何地！』事遂已。天祥在燕凡三年，上知天祥终不屈也，与宰相议释之，有以天祥起兵江西事为言者，不果释。

至元十九年，有闽僧言土星犯帝坐，疑有变。未几，中山有狂人自称『宋主』，有兵千人，欲取文丞相。京城亦有匿名书，言某日烧蓑城苇，率两翼兵为乱，丞相可无忧者。时盗新杀左丞相阿合马，命撤城苇，迁瀛国公及宋宗室开平，疑丞相者天祥也。召入谕之曰：『汝何愿？』天祥对曰：『天祥受宋恩，为宰相，安事二姓？愿赐之一死足矣。』然犹不忍，遽麾之退。言者力赞从天祥之请，从之。俄有诏使止之，天祥死矣。天祥临刑殊从容，谓吏卒曰：『吾事毕矣。』南乡拜而死。数日，其妻欧阳氏收其尸，面如生，年四十七。其衣带中有赞曰：『孔曰成仁，孟曰取义，惟其义尽，所以仁至。读圣贤书，所学何事，而今而后，庶几无愧。』

论曰：自古志士，欲信大义于天下者，不以成败利钝动其心，君子命之曰『仁』，以其合天理之正，即人心之安尔。商之衰，周有代德，盟津之师不期而会者八百国。伯夷、叔齐以两男子欲扣马而止之，三尺童子知其不可。他日，孔子贤之，则曰：『求仁而得仁。』宋至德祐亡矣，文天祥往来兵间，初欲以口舌存之，事既无成，奉两孱王崎岖岭海，以图兴复，兵败身执。我世祖皇帝以天地有容之量，既壮其节，又惜其才，留之数年，如虎兕在柙，百计驯之，终不可得。观其从容伏质，就死如归，是其所欲有甚于生者，可不谓之『仁』哉。宋三百余年，取士之科，莫盛于进士，进士莫盛于伦魁。自天祥死，世之好为高论者，谓科目不足以得伟人，岂其然乎！

【译文】

文天祥，字宋瑞，又字履善，吉州吉水县人。身材魁梧，英俊而皮肤如玉，眉毛清秀而眼睛修长，两眼凝视生辉。自从他是儿童时，见学宫中所祭祀的乡先生欧阳修、杨邦乂、胡铨的画像，都谥号为『忠』，就十分高兴，仰慕他们。说：『死后不用俎豆作为祭器，就不是大丈夫。』二十岁时参加进士考试，在集英殿对策。当时宋理宗在位很久了，政事懈怠，文天祥便拿效法天命应该不停来回答，写了万余字，没有打草稿，一口气就写成。皇帝亲自选拔他为第一名。考官王应麟上奏说：『这个卷子在古代看来像是借鉴，忠心像铁石一样坚定，我胆敢认为得到了人才，深表祝贺。』不久因父亲去世，回家守丧。

开庆初年，大元的军队攻打宋朝，宦官董宋臣劝说皇上迁都，别人都没有敢非议的。文天祥当时被选为宁海军节度判官，上书说：『请求斩董宋臣，来统一人心。』没有回音，随即自己离职归家。后来慢慢升迁为刑部郎官。董宋臣又被选纳为都知，文天祥又上书极力指出他的罪行，也没有回音。出京代理瑞州知州，改任江西提刑，升迁为尚书左司郎官，多次被台臣议论而罢官。授任军器监兼权直学士院。贾似道称病，请求退休，以此来要挟君主，有诏令不允许。文天祥当时掌管制度，因此在诏令的言语中讽刺贾似道。当时宫内制度规定将文稿呈送给宰相，文天祥不呈送文稿，贾似道不高兴，唆使台臣张志立弹劾罢免他。文天祥既然多次被斥责，便援引钱若水的例子，请求退休，当时才三十七岁。

咸淳九年，起任为湖南提刑，因而见到了原来的宰相江万里。江万里一向对文天祥的志向和志气感到惊奇，谈到国家大事，表现出忧愁的样子说：『我老了，看到天时人事将会有变化，我见到的人很多，国家的责任，是在你身上呀！希望你努力。』十年，改任赣州知州。

德祐初年，长江上游告急，下诏天下勤王。文天祥捧着诏书哭泣。派陈继周征发郡中豪杰，并联结溪峒蛮，派方兴召集吉州的兵士，各路豪杰都响应，有部众万人。事情披露，以江西提刑安抚使的身份征召入朝护卫。他的朋友阻止他，说：『现在元朝的大兵分三路击鼓前进，攻破了京师附近地区，你凭借乌合之众万余人赴敌，这与驱赶一群羊与猛虎搏斗有什么差异。』文天祥说：『我也知道是这样。只是国家养育臣民三百余年，一旦有急，征召天下兵士，没有一人一骑入援的。我对此很憾恨。所以自不量力，而以身徇节，也许天下的忠臣义士将会有听到我的消息而响应的。道义符合而谋求立国，人多功业就能成就，像这样国家还可以保全。』

文天祥生性豪爽，平时自己供奉十分丰厚，歌舞的人充满跟前。到这时，自己痛恨而贬逐减少，把全部家财作为军费。每当与宾客及辅佐自己的人谈论时局，就流泪，抚摸着几案说：『以别人的快乐作为自己的快乐，以别人的忧愁作为自己的忧愁，食用人君俸禄的人，为人君的事业而死。』八月，文天祥领兵到临安，任命为平江府知府。

当时因为丞相陈宜中没有回朝，所以不派遣他赴任。十月，陈宜中回来，才派遣他。朝廷刚提拔吕师孟为兵部尚书，封吕文德为和义郡王，想依赖他们与元兵寻求和好。吕师孟更加傲慢恣肆。

文天祥辞别天子，上疏说：『朝廷姑息牵制的意思很多，奋发果断的勇气很少，请求斩杀吕师孟，（以其血）涂抹战鼓，以便振作士气。』并且说：『宋朝以五代的混乱为戒，削除藩镇，建立郡县，一时虽然改变了尾大不掉的弊端，然而国家也一天天衰弱。所以敌人到一州就攻破一州，到一县就攻破一县，中原沦陷，痛恨后悔怎么来得及。现在应该分天下为四镇，建立都督统御它们。把广西加上湖南，而在长沙建立国门；把广东加上江西，在隆兴建立国门；把福建加上江东，在番阳建立国门；把淮西加上淮东，在扬州建立国门。责令长沙攻取鄂州，隆兴攻取蕲、黄，番阳攻取江东，扬州攻取两淮，使他们的土地扩大，人口增多，足以与敌人抗衡。约定时间一起举事，只有前进没有后退，日夜谋划这件事，敌人虽然可能较多兵备，然而力量分散，疲于奔命，而且我们百姓中的豪杰又间或出现在他们的军队中，像这样，敌人就不难击退了。』当时的意见认为文天祥的议论阔远，（不切实际，）所以上书送达以后没有回报。

十月，文天祥率兵进入平江，大元的军队已经从金陵到常州了。文天祥派遣他的将领朱华、尹玉、庞士龙与张全救援常州，到达虞桥，庞士龙作战身亡，朱华率两广军队在五牧与元兵交战，失败，尹玉的军队也失败，争着渡河，牵住张全军的船，张全军的兵士斩断他们的手指，都溺死于水中，尹玉率残兵五百人夜战，到天亮全部战死。张全不放一箭，逃了回来。大元的军队攻破常州，进入独松关。陈宜中、留梦炎征召文天祥，放弃平江，守卫余杭。

第二年正月，任临安府知府。不久，宋朝投降，陈宜中、张世杰都离去。仍然授予文天祥为枢密使。随即任命为右丞相兼枢密使，出使到元军中请求议和，与大元丞相伯颜在皋亭山争论是非。元丞相发怒拘留他，带着左丞相吴坚、右丞相贾余庆、知枢密院事谢堂、签书枢密院事家铉翁、同签书枢密院事刘岊，北上到镇江。文天祥与宾客杜浒等十二人，夜晚逃亡到真州。苗再成出来迎接，高兴得流泪说：『两淮的军队足够可以兴复，只是二位大将有微小隔阂，不能合作罢了。』文天祥问道：『有什么办法？』苗再成说：『现在先与淮西的军队相约接近建康，元军一定会全力抵御我们的西路军队。（在这种情况下）指挥东路兵各位将领，用通州、泰州的军队进攻湾头，用高邮、宝应、淮安的军队进攻杨子桥，用扬州的军队进攻瓜步，我用水军直捣镇江，同一天大举起兵。湾头、杨子桥都是沿江边兵力脆弱的地带，敌人白天晚上都在瞭望，防止我们的军队去，进攻它们一定可以攻下。合攻瓜步的三面，我从江中一面接近它，虽然有智谋的人也不能为它谋划了。瓜步一旦攻下，以东路兵攻入京口，西路兵攻入金陵，拦腰截断浙江方面的退路，元军的统帅可以坐等到来。』文天祥十分赞许，立即用书信告诉二制置，派遣使者四处相约联结。

文天祥未到时，扬州有逃回来的兵士说：『已秘密派遣一丞相到真州劝说投降了。』李庭芝相信这件事，认为文天祥是来劝说投降的。派遣苗再成赶紧杀了文天祥。苗再成不忍心，把文天祥骗出城墙外，把制司（要斩杀他）的文告给他看了，把他关在城门外。过了很久，又派遣两路人分别观察文天祥，说如果是劝说投降的人就杀了他。两路人分别和文天祥说话，看到他忠义，也不忍心杀他，派兵士二十人送他到扬州，四更时到达城下，听到守城门的人谈话，说制置司下令防备文天祥十分急迫，大家都相互望着，惊慌得吐出了舌头。于是向东到海上，遇到元兵，躲在围墙中幸免。然而饥饿得不能站起来，从采柴薪的人那里讨得剩饭残汤。行走到板桥，元军又到，大家都跑到竹丛里，元兵到竹丛中搜捕，抓住了杜浒、金应离开了。虞侯张庆被箭射中眼睛，身上受了两处伤，文天祥偶然没被抓获。杜浒、金应拿出所藏的金子给元军兵士，被放免，招募两个樵夫用草编的筐子背着文天祥到高邮，航海到温州。

听说益王没有被拥立，于是上表劝进，以观文殿学士、侍读的身份被召到福州，拜官为右丞相。不久与陈宜中等人的意见不合。七月，就以同都督的身份外出江西，于是离开福州，收集兵士到汀州。十月，派遣参谋赵时赏、咨议赵孟溁统率一军夺取宁都，参赞吴浚统率一军攻取雩都，刘洙、萧明哲、陈子敬都从江西起兵来会合。邹渢以招谕副使的身份在宁都聚集兵士，大元的军队进攻他，邹渢的军队失败，一同起事的刘钦、鞠华叔、颜斯立、颜起岩都战死。武冈教授罗开礼，起兵收复永丰县，不久兵败被俘，死在监狱中。文天祥听说罗开礼死了，穿着丧服，哭得十分悲痛。

至元十四年正月，大元的军队进入汀州，文天祥于是移师漳州，请求入卫皇上。赵时赏、赵孟溁也率兵回来，唯独吴浚的军队没有到达。不久，吴浚投降元朝，来劝说文天祥投降。文天祥捆绑吴浚，绞杀了他。四月，到梅州，都统王福、钱汉英骄横、强暴，文天祥将他们斩首示众。五月，从江西出发，到达会昌。六月，到达兴国县。七月，文天祥派遣参谋张汴，监军赵时赏、赵孟溁等率主力接近赣州城，邹沨率赣州各县的兵力直捣永丰，邹沨的副手黎贵达率吉州各县的兵进攻泰和。吉州八县收复了一半，只有赣州城没有攻下。临洪各郡，都送来钱款。潭赵璠、张虎、张唐、熊桂、刘斗元、吴希奭、陈子全、王梦应在邵、永一带起兵，收复了几个县，抚州何时等都起兵响应文天祥。分宁、武宁、建昌三县的豪杰，都派人到文天祥军中接受约束。

江西宣慰使李恒派兵救援赣州，而自己统兵到兴国进攻文天祥。文天祥没有料到李恒的军队突然来到，于是率兵退走，靠近在永丰的邹沨。邹沨的军队首先被击溃，李恒穷追文天祥到方石岭。巩信抵御作战，箭中身体，阵亡。到空坑，兵士都溃散，文天祥的妻妾子女都被俘。赵时赏坐在肩舆上，后面的兵士问他是谁，赵时赏说『我姓文』，兵士们把他当作文天祥，擒住他回去了，文天祥因此得以逃走。

孙㮚、彭震龙、张汴死于战乱中，缪朝宗自己上吊身亡。吴文炳、林栋、刘洙者被捉拿到隆兴。赵时赏大骂不屈服，他见到有被捆绑而来的人，就挥手斥退，说：『小小的签庭官罢了，捉他们有什么用呢？』因此得以解脱的人很多。临刑时，刘洙颇想自己辩解，赵时赏斥责他说：『死罢了，何必这样呢？』于是林栋、吴文炳、萧敬夫、萧焘夫都没有赦免。

文天祥收集残兵奔走到循州，驻扎在南岭。黎贵达暗中阴谋投降，文天祥把他抓起来杀了。至元十五年三月，进兵屯聚在丽江浦。六月，到船澳。益王去逝，卫王继位。文天祥上书指出自己的罪行，请求入朝，没有许可。八月，加文天祥少保、信国公。军队发生瘟疫，兵士死亡的有几百人。文天祥只有一个儿子，同他的母亲都死了。十一月，进兵屯驻在潮阳县。潮州的强盗陈懿、刘兴多次反叛、归附，成为潮州人的祸害。文天祥进兵打跑了陈懿，捉住刘兴杀了。十二月，赶赴南岭，邹溉、刘子俊又从江西起兵来，再次攻打陈懿余党，陈懿于是暗中派元帅张弘范的兵救援潮阳。文天祥正在五坡岭吃饭，张弘范的军队突然来到，众人来不及交战，都叩头趴在草丛中。文天祥仓皇逃走，千户王惟义上前抓住了他。邹溉自割脖子，众人扶他到南岭死了。官属士卒得以逃脱到空坑的，到这时，刘子俊、陈龙复、萧明哲、萧资都死了，杜浒被抓获，因为忧愤而死，只有赵孟溁逃走了，张唐、熊桂、吴希奭、陈子全兵败被俘，都死了。张唐，是广汉张栻的后代。

文天祥到潮阳，见到张弘范，张弘范身边的人命令他下拜，文天祥不拜，张弘范于是以客人的礼节见了他，同他一起到厓山，让他写信招纳张世杰。文天祥说：『我不能保护父母，却教人背叛父母，可以吗？』张弘范一定要索取他的信，于是写了《过零丁洋》给了他。这首诗最后说：『人生自古谁无死，留取丹心照汗青。』张弘范笑着把诗放在一边。厓山被攻破，军中设酒席聚会，张弘范说：『国家灭亡，丞相忠孝也完了，能够拿事奉宋朝的心来事奉皇上，将不会失去宰相的职位。』文天祥的眼泪像水往下滴一样，说：『国家灭亡不能拯救，做人臣的即使死也还有罪，怎么敢逃脱死亡而有别的心思呢？』张弘范被他的义气感动，派遣使者护送文天祥到达京师。

文天祥在路上，八天没有吃食物，没有饿死，就又吃东西。到燕，客馆的人供应很丰盛，文天祥不就寝，坐待天亮。于是送他到兵马司，派兵士监守他。当时元世祖多在南宋的官员中寻求人才，王积翁说：『南方人没有比得上文天祥的。』于是派遣王积翁（到关押文天祥的地方）传达元世祖的意思，（想让他担任元朝的官吏），文天祥说：『国家灭亡，我的本分是一死。假使得以宽松假释，当戴黄帽回故乡，以后因为边远地区的事做顾问，可以。如果现在立即做官，不只是亡国的士大夫不可以图存亡，就连生平事迹也全部废弃，怎么用我呢？』王积翁想要联合宋朝的官员谢昌元等十人，请求释放文天祥做道士，留梦炎认为不行，说：『文天祥出去，又到江南号召，把我们十个人放在什么地方！』事情于是停止。文天祥在北京共三年，皇上知道文天祥终究不会屈服，与宰相商议释放他，有人把文天祥在江西起兵的事说了，因此没有被释放。

至元十九年，有一个福建的和尚说土星侵犯帝坐，怀疑有变化。不久，中山有一个狂人自称是『宋王』，有兵士千人，想夺取文丞相。京城也有匿名信，说某天焚烧蓑城苇，率领两边的兵士叛乱，请丞相不要忧虑。当时有强盗刚刚杀死左丞相阿合马，下令撤去城苇，迁徙瀛国公及宋朝宗室到开平，怀疑丞相就是文天祥。召他入宫，告诉他说：『你有什么愿望？』文天祥回答：『我文天祥蒙受宋朝恩惠，担任宰相，怎么能够事奉二姓呢？希望赐一死就心满意足了。』然而还是不忍心，急忙挥退了他。劝说的人极力赞成听从文天祥的请求，皇帝听从了，不久有诏书下令停止（赐文天祥死），可文天祥已死了。文天祥临刑时特别从容，对官吏和兵士说：『我的事情完了。』对着南面下拜而死。几天后，他的妻子欧阳氏收他的尸体，脸仍像生人一样，死时四十七岁。他上衣的带子里有赞词说：『孔子说成仁，孟子说取义，只有义尽，才会达到仁。读圣贤们的书，所学到的是事奉什么，从今以后，也许没有惭愧的。』

评论说：自古以来的有志之士，想要在天下伸张大义的，不因为成败和有利，或者受挫折而动摇自己的心，君子把它叫作『仁』，因为它合乎天理的正义，也就是人心的安定。商朝衰落，周朝代替它的德行，盟津会师没有约定，而前来的有八百个诸侯国。伯夷、叔齐凭借两个男子想扣住马而制止他们，连三尺高的童子都知道是不可能的。后来，孔子称赞他们，就说：『寻求仁而得到仁。』宋朝到德祐年间灭亡了，文天祥往来军中，起初想凭口舌保存宋朝，事情既然没有成功，事奉两个软弱的国王在崎岖的山岭和海上辗转，来图谋兴复，因兵败被俘。我大元世祖皇帝以能容纳天地的气量，既以他的气节为雄壮，又爱惜他的才能，留下他数年，如同老虎、犀牛关在笼子中，千方百计驯服它们，最终不能达到目的。看他从容就义，视死如归，他死的欲望比生的欲望更强烈，可以不说是『仁』吗？宋朝三百余年，选拔人才的办法，没有比进士更盛，进士没有比伦理更讲求的。自从文天祥死，世间好发表高见议论的，说科举考试不一定能够得到伟人，难道是这样吗？

辽史

二韩列传第四

韩延徽

韩延徽，字藏明，幽州安次人。父梦殷，累官蓟、儒、顺三州刺史。延徽少英，燕帅刘仁恭奇之，召为幽都府文学、平州录事参军，同冯道祗候院，授幽州观察度支使。

后守光为帅，延徽来聘，太祖怒其不屈，留之。述律后谏曰：『彼秉节弗挠，贤者也，奈何困辱之？』太祖召与语，合上意，立命参军事。攻党项、室韦，服诸部落，延徽之筹居多。乃请树城郭，分市里，以居汉人之降者。又为定配偶，教垦艺，以生养之。以故逃亡者少。

居久之，慨然怀其乡里，赋诗见意，遂亡归唐。已而与他将王缄有隙，惧及难，乃省亲幽州，匿故人王德明舍。德明问所适，延徽曰：『吾将复走契丹。』德明不以为然。延徽笑曰：『彼失我，如失左右手，其见我必喜。』既至，太祖问故。延徽曰：『忘亲非孝，弃君非忠。臣虽挺身逃，臣心在陛下。臣是以复来。』上大悦。赐名曰匣列。『匣列』，辽言复来也。即命为守政事令、崇文馆大学士，中外事悉令参决。

天赞四年，从征渤海，大諲譔乞降。既而复叛，与诸将破其城，以功拜左仆射。又与康默记攻长岭府，拔之。师还。

太祖崩，哀动左右。

太宗朝，封鲁国公，仍为政事令。使晋还，改南京三司使。

世宗朝，迁南府宰相，建政事省，设张理具，称尽力吏。天禄五年六月，河东使请行册礼，帝诏延徽定其制，延徽奏一遵太宗册晋帝礼，从之。

应历中，致仕。子德枢镇东平，诏许每岁东归省。九年卒，年七十八。上闻震悼，赠尚书令，葬幽州之鲁郭，世为崇文令公。

初，延徽南奔，太祖梦白鹤自帐中出；比还，复入帐中。诘旦，谓侍臣曰：『延徽至矣。』已而果然。太祖初元，庶事草创，凡营都邑，建宫殿，正君臣，定名分，法度井井，延徽力也。为佐命功臣之一。子德枢。

【译文】

韩延徽，字藏明，幽州安次人。父亲梦殷，相继为蓟州、儒州、顺州的刺史。延徽从小就超群出众，燕地的军帅刘仁恭惊异他的才能，召他为幽都府文学及平州录事参军，同冯道一起在祗候院，授为幽州观察度支使。

后来刘守光为燕地的军帅，派延徽来访，太祖恼怒他不屈服，扣留了他。述律后劝道：『他作为使节而不屈服，是有贤德的人啊，怎么能羞辱他？』太祖召见韩延徽，与他交谈，皇上满意，立刻任命他参军事。在攻打党项、室韦，征服其他一些部落中，延徽多为筹谋。韩延徽请求建立城镇，划分市井乡里，让降服的汉人居住。又为降服的人指定配偶，教他们开荒种地，以休养生息。因此很少有逃亡的。

居住的时间一长，韩延徽深情地怀念自己的家乡，赋诗以表达这种心情。于是他偷偷地逃回了唐。不久，他与另一个将领王缄有矛盾，怕招来祸患，于是他到幽州看望亲友，躲藏在老朋友王德明家。德明问他打算去哪里，延徽回答：『我准备重新到契丹去。』王德明并不认为这样做妥当。延徽笑着说：『他们失去了我，就好像失去了左右手，所以他们见了我一定很高兴。』他回到契丹，太祖问他逃亡和回来的原因。延徽说：『忘掉亲人这不是孝，抛弃君主这不是忠。臣下我虽然脱身逃跑了，但臣下的心忠于皇帝陛下，所以又回来了。』太祖非常高兴，赐名叫匣列，『匣列』，辽的语言就是『复来』的意思。随即任命他为守政事令、崇文馆大学士，宫廷内外的事全部让他参与决策。

天赞四年，延徽跟随太祖征讨渤海，渤海王大諲譔请求投降。不久又反叛，延徽与其他将领一起攻破他的城池，因为有功劳，拜为左仆射。又和康默记一起攻打长岭府，占领了这座城镇。大军回国，太祖去世，延徽哀恸不已，使左右从官都为之感动。

太宗时，延徽被封为鲁国公，继续担任政事令。出使晋朝回国之后，改任为南京三司使。世宗时，又改任南府宰相，建立政事省，从设立到具体的管理，可说是尽了最大的努力。天禄五年六月，河东刘崇派来使臣，请求为他举行册封的大礼，皇上命令延徽拟定礼节仪式。延徽上奏：全部遵照太宗册晋帝礼的仪式。皇上同意他的意见。

应历中期，韩延徽退休。他的儿子德枢镇守东平，皇帝下令准许德枢每年东归探望父亲。应历九年，韩延徽去世，终年七十八岁。皇上听到这个消息非常悲痛，赠官为尚书令，把他埋葬在幽州的鲁郭，永世为崇文令公。

当初，延徽南归后唐，太祖梦见一只白鹤从帷帐中飞出；等到他回来，又梦见白鹤飞回了帐中。早晨起来，他便对臣僚说：『延徽回来了。』不久，延徽果然回来了。

太祖初立，许多事情都刚刚开始，营建都城，建造宫殿，理正君臣之别，制定各种名义和应守的本分，使法度井井有条，这都是韩延徽出的力啊。韩延徽是佐命功臣之一。儿子叫德枢。

韩知古

韩知古，蓟州玉田人，善谋有识量。太祖平蓟时，知古六岁，为淳钦皇后兄欲稳所得。后来嫔，知古从焉，未得省见。久之，负其有，快快不得志，挺身逃庸保，以供资用。

其子匡嗣得亲近太祖，因间言。太祖召见与语，贤之，命参谋议。神册初，遥授彰武军节度使。久之，信任益笃，总知汉儿司事，兼主诸国礼仪。时仪法疏阔，知古援据故典，参酌国俗，与汉仪杂就之，使国人易知而行。顷之，拜左仆射，与康默记将汉军征渤海有功，迁中书令。天显中卒，为佐命功臣之一。子匡嗣。

匡嗣以善医，直长乐宫，皇后视之犹子。应历十年，为太祖庙详稳。后宋王喜隐谋叛，辞引匡嗣，上置不问。初，景宗在藩邸，善匡嗣。即位，拜上京留守。顷之，王燕，改南京留守。保宁末，以留守摄枢密使。

时耶律虎古使宋还，言宋人必取河东，合先事以为备。匡嗣诋之曰：『宁有是！』已而宋人果取太原，乘胜逼燕。匡嗣与南府宰相沙、惕隐休哥侵宋，军于满城，方阵，宋人请降。匡嗣欲纳之，休哥曰：『彼军气甚锐，疑诱我也。可整顿士卒以御。』匡嗣不听。俄而宋军鼓噪薄我，众蹙践，尘起涨天。匡嗣仓卒谕诸将，无当其锋。众既奔，遇伏兵扼要路，匡嗣弃旗鼓遁，其众走易州山，独休哥收所弃兵械，全军还。

帝怒匡嗣，数之曰：『尔违众谋，深入敌境，尔罪一也；号令不肃，行伍不整，尔罪二也；弃我师旅，挺身鼠窜，尔罪三也；侦候失机，守御弗备，尔罪四也；捐弃旗鼓，损威辱国，尔罪五也。』促令诛之。皇后引诸内戚徐为开解，上重违其请。良久，威稍霁，乃杖而免之。

既而遥授晋昌军节度使。乾亨三年，改西南面招讨使，卒。睿智皇后闻之，遣使临吊，赙赠甚厚，后追赠尚书令。五子：德源，德让——后赐名隆运，德威、德崇，德凝。德源、德凝附传，余各有传。

德源，性愚而贪，早侍景宗邸。及即位，列近侍。保宁间，官崇义、兴国二军节度使，加检校太师。以贿名，德让贻书谏之，终不悛。以故论者少之。后加同政事门下平章事，遥摄保宁军节度使。乾亨初卒。

德凝，谦逊廉谨。保宁中，迁护军司徒。开泰中，累迁护卫太保、都宫使、崇义军节度使。移镇广德，秩满，部民请留，从之。改西南面招讨使，党项隆益答叛，平之。迁大同军节度使，卒于官。子郭三，终天德军节度使。孙高家奴，终南院宣徽使；高十，终辽兴军节度使。

【译文】

韩知古，蓟州玉田人。善于谋划，有见识和抱负。太祖平定蓟地时，知古六岁，被淳钦皇后的哥哥欲稳领养。皇后入选为嫔妃，知古跟从入宫，但没有得到机会觐见皇帝。日子长了，依仗自己有才能，不服气自己不得志，挺身而逃，为人当仆役度日。

他的儿子匡嗣有机会亲近太祖，因此得便谈到知古。太祖召见知古与他交谈，认为他有贤才，命其参与谋议。

神册初年，挂衔彰武军节度使。日子长了，对他的信任越来越深，让他总知汉儿司事，兼主诸国礼仪。当时礼仪的规定草率粗疏，知古援据故典，参酌国朝的风俗，与汉人的礼节综合而成，使国人容易知晓而实行。

不久，知古被拜任左仆射，与康默记率领汉军征讨渤海国有功，又迁官为中书令。天显中期去世，是佐命功臣之一。儿子叫匡嗣。

匡嗣擅长医术，在长乐宫值勤，皇后看待他好像自己的儿子。应历十年，为太祖庙的详稳。后来宋王喜隐谋叛，供词牵连匡嗣，皇上置之不问。

当初，景宗没有登极，和匡嗣很好。即位之后，拜匡嗣为上京留守。不久，封燕王，改任南京留守。保宁末年，匡嗣以留守代行枢密使。

当时耶律虎古出使宋朝回来，说宋人一定要夺取河东，应该事先有所准备。匡嗣诋毁他说：『岂有这个事！』不久宋人果然攻取太原，乘胜进逼燕地。匡嗣与南府宰相沙、惕隐休哥侵扰宋，列军于满城，刚刚摆好阵势，宋人请求投降。匡嗣想接受，休哥说：『对方军队士气甚为高涨，我疑心这是引诱我们。可整顿士兵以便抵御。』匡嗣不听。不一会儿宋军大嚷大叫着进逼过来，大家窘迫，互相践踏，尘土飞扬，遮满天空。匡嗣慌忙告谕各将领，抵挡不了宋军的锋芒。大家在奔逃中，又遇到伏兵截断其重要通道，匡嗣丢掉了旗帜、战鼓逃跑，他的部众败走易州山。只有休哥收拾所丢弃的武器，全军退还。

皇帝大为震怒，数落匡嗣说：『你违反大家的计策，深入敌国境内，这是你的第一条罪过；号令不严，队伍没有秩序，这是你的第二条罪过；丢弃我军师旅，拔身逃窜，这是你的第三条罪过；侦察瞭望失去时机，守卫抵御不做准备，这是你的第四条罪过；丢弃旗帜战鼓，损害威严，辱没国家，这是你的第五条罪过。』急令杀掉他。皇后带领各嫔妃眷属慢慢地为匡嗣开脱解释，皇上断然拒绝了她们的请求。过了好一阵，怒气稍稍缓和，才对匡嗣改用杖刑，免他一死。

不久匡嗣挂衔晋昌军节度使。乾亨三年，改任西南面招讨使，卒于任上，睿智皇后听到这一消息，派遣使者前往吊唁，赠予特别丰厚的丧葬费用。后来又追赠为尚书令。他五个儿子：德源、德让——后赐名隆运，德威、德崇、德凝。德源、德凝附传记于此，其余的每个人都有传。

德源生性愚笨而贪婪，早年奉职于景宗王府，景宗即位时，列位于近侍之臣。保宁年间，官至崇义、兴国两军的节度使，加官检校太师。因为他有受贿赂的名声，德让写信规劝他，但他终究不能改悔。因此议论者都看不起他。后来加官同政事门下平章事，挂衔保宁军节度使。乾亨初年去世。

德凝谦虚廉洁。保宁中朝，迁官为护军司徒。开泰年间中期，积官至护卫太保、都宫使、崇义军节度使。改移镇守广德，任期届满，所部百姓请求留任，朝廷同意了这一请求。后又改任西南面招讨使，党项隆益答反叛，被他平定了。德凝迁官大同军节度使，死在任上。

德凝的儿子郭三，终官天德军节度使。孙子高家奴，终官南院宣徽使；高十，终官辽兴军节度使。

张俭马得臣列传第十

张俭

张俭，宛平人，性端悫，不事外饰。

统和十四年，举进士第一，调云州幕官。故事，车驾经行，长吏当有所献。圣宗猎云中，节度使进曰：『臣境无他产，惟幕僚张俭，一代之宝，愿以为献。』先是，上梦四人侍侧，赐食人二口，至闻俭名，始悟。召见，容止朴野；访及世务，占奏三十余事。由此顾遇特异，践历清华，号称明干。

开泰中，累迁同知枢密院事。太平五年，出为武定军节度使，移镇大同。六年，入为南院枢密使。帝方眷倚，参知政事吴叔达与俭不相能，帝怒，出叔达为康州刺史，拜俭左丞相，封韩王。帝不豫，受遗诏辅立太子，是为兴宗，赐贞亮弘靖保义守节耆德功臣，拜太师、中书令，加尚父，徙王陈。

重熙五年，帝幸礼部贡院及亲试进士，皆俭发之。进见不名，赐诗褒美。俭衣唯绌帛，食不重味，月俸有余，赒给亲旧。方冬，奏事便殿，帝见衣袍弊恶，密令近侍以火夹穿孔记之，屡见不易。帝问其故，俭对曰：『臣服此袍已三十年。』时尚奢靡，故以此微讽喻之。上怜其清贫，令恣取内府物，俭奉诏持布三端而出，益见奖重。俭弟五人，上欲俱赐进士第，固辞。有司获盗八人，既戮之，乃获正贼。家人诉冤，俭三乞申理。上勃然曰：『卿欲朕偿命耶！』俭曰：『八家老稚无告，少加存恤，使得收葬，足慰存没矣。』乃从之。俭在相位二十余年，裨益为多。

致政归第，会宋书辞不如礼，上将亲征。幸俭第，尚食先往具馔，却之；进葵羹干饭，帝食之美。徐问以策，俭极陈利害，且曰：『第遣一使问之，何必远劳车驾？』上悦而止。复即其第赐宴，器玩悉与之。二十二年薨，年九十一，敕葬宛平县。

【译文】

张俭，宛平人。生性正直诚实，不留意外表的修饰。

统和十四年，张俭考进士，获第一名，调为云州幕官。按照过去办事的成例，皇帝的车马经过之处，当地长官应当有所奉献。圣宗打猎到云中，节度使进奏说：『臣下境内无其他出产，唯有幕僚张俭，一代之宝，愿作为奉献。』在这之前，皇上梦见四人侍奉在旁边，赏赐食物，每人两口，等到听到张俭的名字，才明白梦的意思。于是召见张俭，见他容貌行止朴质无华，又询问当世之务，张俭即口头奏说了三十多件事。从此，皇上对他照顾、礼遇特别优异，经历清荣华贵，号称明达干练。

开泰中期，积官至同知枢密院事。太平五年，调出京城为武定军节度使，改移镇守大同。六年，入朝为南院枢密使。这时，皇帝正宠爱倚重他。参知政事吴叔达与张俭不相和睦，皇帝发怒，贬吴叔达为康州刺史，拜任张俭为左丞相，封为韩王。皇帝有病，张俭接受遗命辅佐太子即位，这就是兴宗。兴宗赐张俭号贞亮弘靖保义守节耆德功臣，拜为太师、中书令，加号尚父，改封陈王。

重熙五年，皇帝亲临礼部贡院并亲自考试进士，都是张俭启发的。进宫朝见，皇帝不称其名，赐给诗作给予表扬赞美。张俭只穿粗布衣服，吃饭只吃一种饭菜，每月的俸禄有剩余，就周济给亲朋故旧。入冬，在便殿奏事，皇帝见他穿的袍子又破又难看，密令近侍用火夹在他衣服上穿了个洞作为记号，结果每次看见他都是穿的这件袍子而不换。皇帝问他什么原因，张俭回答说：『臣下穿这件袍子已三十年了。』当时崇尚奢侈华贵，张俭所以用自己的这种行动加以暗示和讽喻。皇上怜悯他清贫，让他任意拿取内府中的物品，张俭领命，只拿了三端布就出来了，更加受到嘉奖和器重。张俭有胞弟五人，皇上拟全赐进士头衔，他坚决推辞。有关部门抓获了八名强盗，杀掉后，才抓到了真正的贼。被错杀的家人上诉申冤，张俭三次请求再行审理，皇上非常恼怒地说：『你想让我偿命吗！』张俭说：『八家的老幼无所投告，稍加抚恤，使得收尸埋葬，足以慰藉生者和死者了。』于是听从了他的意见。张俭做宰相有二十多年，对政事补益相当多。

张俭退休回家，恰遇宋朝的国书用词不守礼法，皇帝准备亲自讨伐。来到张俭的宅第，宫中的饭食已送到，皇帝不吃；对献上的葵菜汤和干饭，却吃得津津有味。皇上轻松舒缓地问张俭有何良策，张俭很认真地陈说利害，并且说：『尽可派遣一位使臣前去诘问，何必远劳皇帝车马？』皇上高兴地放弃了亲征。马上又在张俭的宅第赏赐宴席，器具玩好都送给了张俭。二十二年去世，享年九十一岁，皇帝命令埋葬在宛平县。

马得臣

马得臣，南京人，好学博古，善属文，尤长于诗。

保宁间，累迁政事舍人、翰林学士，常预朝议，以正直称。乾亨初，宋师屡犯边，命为南京副留守，复拜翰林学士承旨。

圣宗即位，皇太后称制，兼侍读学士。上阅唐高祖、太宗、玄宗三《纪》，得臣乃录其行事可法者进之。及扈从伐宋，进言降不可杀，亡不可追，二三其德者别议。诏从之。俄兼谏议大夫，知宣徽院事。

时上击鞠无度，上书谏曰：

臣窃观房玄龄、杜如晦，隋季书生，向不遇太宗，安能为一代名相？臣虽不才，陛下在东宫，幸列侍从，今又得侍圣读，未有裨补圣明。陛下尝问臣以贞观、开元之事，臣请略陈之。

臣闻唐太宗侍太上皇宴罢，则挽辇至内殿；玄宗与兄弟欢饮，尽家人礼。陛下嗣祖考之祚，躬侍太后，可谓至孝。臣更望定省之余，睦六亲，加爱敬，则陛下亲亲之道，比隆二帝矣。

臣又闻二帝耽玩经史，数引公卿讲学，至于日昃。故当时天下翕然向风，以隆文治。今陛下游心典籍，分解章句，臣愿研究经理，深造而笃行之，二帝之治不难致矣。

臣又闻太宗射豕，唐俭谏之，玄宗臂鹰，韩休言之，二帝莫不乐从。今陛下以毬马为乐，愚臣思之，有不宜者三，故不避斧钺言之。窃以君臣同戏，不免分争，君得臣愧，彼负此喜，一不宜。跃马挥杖，纵横驰骛，不顾上下之分，争先取胜，失人臣礼，二不宜。轻万乘之尊，图一时之乐，万一有衔勒之失，其如社稷、太后何？三不宜。傥陛下不以臣言为迂，少赐省览，天下之福，群臣之愿也。

书奏，帝嘉叹良久。未几卒，赠太子太保，诏有司给葬。

【译文】

马得臣，南京人，好学，博通古代之事，擅长写文章，尤其擅长写诗。

保宁年间，积官升为政事舍人、翰林学士，常常参与朝廷的议事，以正直著称。乾亨初年，宋朝的军队多次侵犯边界，任命马得臣为南京副留守，又拜任为翰林学士承旨。

圣宗即位，皇太后代行国事，兼任侍读学士。皇上阅读唐高祖、太宗、玄宗三位皇帝的本纪，得臣于是抄录这三帝行为处事有可效法的记载进呈。等到护卫皇帝讨伐宋朝的时候，得臣奏言：『投降的不可杀，逃亡的不可追，反复无常的另当别论。』皇帝下令遵从这些意见。不久得臣又兼任谏议大夫、知宣徽院事。

当时，皇帝打马球没有节制，得臣上书规劝说：

臣下一己之见，房玄龄、杜如晦和隋朝的书生，假使不遇见唐太宗，怎能成为一代有名宰相？臣下虽没有才干，皇帝陛下在东宫时，有幸列于侍从，今天又得以侍奉皇上读书，未能有助于补益皇上。皇上曾问臣下以贞观、开元之事，臣请略加陈述。

臣下听说唐太宗侍奉太上皇宴饮完毕，则拉着太上皇所乘的车子送至内殿；玄宗与兄弟们欢饮，全用家人之礼。皇帝陛下继承祖父的帝位，亲自侍奉太后，可说是最孝。臣下更期望按时省亲之余，和睦六亲，增进敬爱，则皇帝陛下的亲亲之道，比得上唐太宗、玄宗二帝了。

臣下又听说唐太宗、玄宗二帝乐于玩味经书和史书，多次召引公卿大臣讲学，一直讲到日落偏西。故当时天下很快地形成了读书的风气，文治兴盛。如今皇帝陛下用心于典籍，分析解释章句，臣下希望陛下探讨经典的义理，深刻钻研而坚定地施行它，唐太宗、玄宗二帝的政绩就不难达到了。

臣下又听说唐太宗射猪，唐俭劝阻；玄宗架鹰，韩休劝说，二帝没有谁不高兴听从的。如今皇帝陛下以骑马打球为欢乐，不才的臣下想来，有三点不相宜者，所以不躲避斧钺加身的可能而陈说如下：臣下认为君主和臣下共同游戏，不免要分别相争，君主得到了臣下惭愧，对方输了此方高兴，这是一不相宜。飞跃马匹挥动长杖，纵横上下飞奔，不顾君上和臣下的分别，争先取胜，有失人臣之礼，这是二不相宜。小看了皇帝的尊严，贪图一时的快乐，万一发生马嚼子或笼头的失手，这种情况对国家、太后又怎么样呢？这是三不相宜。倘若皇帝陛下不以臣的话为迂阔，稍加省览，这就是天下的福气，群臣的愿望啊。

书上奏之后，皇帝嘉奖赞扬了很久，得臣不久去世，赠官太子太保，命令有关衙署给予安葬。

金史

完颜希尹列传第十一

完颜希尹本名谷神，欢都之子也。自太祖举兵，常在行阵，或从太祖，或从撒改，或与诸将征伐，比有功。

金人初无文字，国势日强，与邻国交好，乃延用契丹字。太祖命希尹撰本国字，备制度。希尹乃依仿汉人楷字，因契丹字制度，合本国语，制女直字。天辅三年八月，字书成，太祖大悦，命颁行之。赐希尹马一匹、衣一袭。其后熙宗亦制女直字，与希尹所制字俱行用。希尹所撰谓之女直大字，熙宗所撰谓之小字。

辽人迪六、和尚、雅里斯弃中京走，希尹与迪古乃、娄室、余睹袭之。迪六等闻希尹兵，复走。遂降其旁近人民而还。奚人落虎来降，希尹使落虎招其父西节度使讹里剌。讹里剌以本部降。

宗翰驻军北安，使希尹经略近地，获辽护卫耶律习泥烈，知辽主猎于鸳鸯泺。宗翰遂请进兵。宗翰将会都统杲于奚王岭。辽兵屯古北口。使婆卢火将兵二百击之，浑黜亦将二百人为后援。浑黜闻辽兵众，请益兵。宗翰欲亲往，希尹、娄室曰：『此小寇，请以千兵为公破之。』浑黜至古北口，遇辽游兵，逐之入谷中。辽步骑万余迫战，死者数人。浑黜据关口，希尹等至，大破辽兵，斩馘甚众，尽获甲胄辎重。复败其伏兵，杀千余人，获马百余匹。遂与宗翰至奚王岭，期会于羊城泺。

宗翰袭辽帝于五院司，希尹为前驱，所将才八骑，与辽主战，一日三败之。明日，希尹得降人麻哲，言辽主在漠，委辎重，将奔西京。几及辽主于白水泺南。辽主以轻骑遁去。尽获其内库宝物，遂至西京。西京降，使蒲察守之。希尹至乙室部，不及辽主而还。及宗翰入朝，希尹权西南、西北两路都统。

是时，夏人已受盟，辽主已获，耶律大石自立，而夏国与娄室书责诸帅弃盟，军入其境，多掠取者。希尹上其书，且奏曰：『闻夏使人约大石取山西诸郡，以臣观之，夏盟不可信也。』上曰：『夏事酌宜行之。军入其境，不知信与否也。大石合谋，不可不察，其严备之。』

及大举伐宋，希尹为元帅右监军。再伐宋，执二主以归。师还，赐希尹铁券，除常赦不原之罪，余释不问。宗翰伐康王，希尹追之于扬州，康王遁去。后与宗翰俱朝京师，请立熙宗为储嗣，太宗遂以熙宗为谙班勃极烈。

熙宗即位，希尹为尚书左丞相兼侍中，加开府仪同三司。希尹为相，有大政皆身先执咎。天眷元年，乞致仕，不许，罢为兴中尹。二年，复为左丞相兼侍中，俄封陈王。与宗干共诛宗磐、宗隽。三年，赐希尹诏曰：『帅臣密奏，奸状已萌，心在无君，言宣不道。逮燕居而窃议，谓神器以何归，稔于听闻，遂致章败。』遂赐死，并杀右丞萧庆并希尹子同修国史把答、符宝郎漫带。是时，熙宗未有皇子，故嫉希尹者以此言谮之。

皇统三年，上知希尹实无他心，而死非其罪，赠希尹仪同三司、邢国公，改葬之，萧庆银青光禄大夫。天德三年，追封豫王。正隆二年，例降金源郡王。大定十五年，谥贞宪。孙守道、守贞、守能。守道自有传。

【译文】

完颜希尹本名叫谷神，他是欢都的儿子。自从太祖举兵，他常常在军队，或跟从太祖，或跟从撒改，或与其他将领一起征讨，都有功劳。

金人最初没有文字，随着国势日益强盛，与邻国交往友好，就采用契丹字。太祖命令希尹编撰本国字，完备各项制度。希尹于是依仿着汉人的楷书字，因袭契丹字的规律，结合本国语的特点，制定女真字。天辅三年八月，字书撰成，太祖非常高兴，命令颁布推行。赏赐给希尹马一匹，衣服一袭。在这之后熙宗也制定女真字，与希尹所制的字一起通行使用。希尹所编撰的称为女真大字，熙宗所编撰的称为小字。

辽人迪六、和尚、雅里斯放弃中京逃走，希尹与迪古乃、娄室、余睹袭击他们。迪六等听到希尹军队追击的消息，又逃跑了。希尹于是降服了旁近的百姓就返回了。奚人落虎来投降，希尹使落虎招他的父亲西节度使讹里剌，讹里剌率本部投降。

宗翰把军队驻扎在北安州，派希尹经营宣谕附近各地，俘获辽护卫耶律习泥烈，知道辽帝在鸳鸯泺游猎。宗翰于是请求进兵。宗翰将与都统杲在奚王岭会合。辽兵屯驻在古北口。宗翰派婆卢火将兵二百人袭击他们，浑黜也带领二百人为后面的援军。浑黜听说辽兵多，请求增加兵力。宗翰想亲自前往，希尹、娄室说：『这是小盗贼，请用一千兵为您击败他。』浑黜到古北口，碰到辽的巡逻兵，就追赶他们，进入了山谷中。辽步兵和骑兵一万多急忙出战，死了好几个人。浑黜据守关口，希尹等赶到，大败辽兵，斩杀特别多，全部缴获了辽兵的甲胄和物资。接着又打败了辽的伏兵，杀了一千多人，获得马一百多匹。于是和宗翰到奚王岭，计划会合于羊城泺。

宗翰袭击辽帝于五院司，希尹为前驱，所率领的才八名骑兵，与辽帝交战，一天三次打败了他。第二天，希尹得到投降的人麻哲，说辽帝在沙漠抛弃军用物资，将要逃奔西京。希尹几乎在白水泺南追到辽帝，辽帝率轻装快速的骑兵逃走。希尹全部获得了他内廷仓库的宝物，于是赶到西京。西京投降，使蒲察守卫。希尹到乙室部，没有追上辽帝就回来了。宗翰入朝朝见天子的时候，希尹暂时代理西南、西北两路的都统。

这个时候，夏人已接受盟约，辽帝已经俘获，耶律大石自己立国，而夏国给娄室文书谴责各将帅背弃盟约，军队进入了他的边界，多有抢掠夺取的。希尹呈上这件文书，并上奏说：『听说夏派人相约大石夺取山西各郡，在臣下看来，夏国的盟誓不可信。』皇上说：『夏国的事可斟酌情况适当地施行。军队进入他的边境，不知是可信还是不可信。与大石合谋，不可不仔细核查，这件事要严格防备。』

大规模讨伐宋朝的时候，希尹任元帅右监军。再一次讨伐宋朝，俘获两个皇帝归来。回师后，皇帝赐给希尹铁券，除了一般赦免不能宽恕的罪过，其他都除免不予置问。宗翰讨伐康王，希尹追康王到扬州，康王逃走。希尹后来与宗翰在京师一起朝见皇帝，请求立熙宗为皇位继承人，太宗于是以熙宗为谙班勃极烈。

熙宗即位，希尹为尚书左丞相兼侍中，加官开府仪同三司。希尹为丞相，有大的改正都是自身先行认错。天眷元年，希尹请求退休，皇帝不允许，罢朝职改任兴中尹。二年，重新为左丞相兼侍中，不久封陈王。与宗干共同诛杀宗磐、宗隽。三年，赐希尹诏令说：『帅臣秘密上奏说，你奸恶的罪状已经萌生，你心中没有君主，言论宣扬非理。居住在家就偷偷议论，说帝位将归属何人，朕久已听到传闻，现在你终于败露了。』于是赐希尹死，并杀了右丞相萧庆和希尹的儿子同修国史把答、符宝郎漫带。这时，因为熙宗没有皇子，所以嫉妒希尹的人就用这种话来诬陷他。

皇统三年，皇上知道希尹实际没有别的用心，死得非罪，就追赠希尹官仪同三司、邢国公，并且改葬了他，追赠萧庆为银青光禄大夫。天德三年，追封希尹为豫王。正隆二年，按例降为金源郡王。大定十五年，谥希尹号贞宪。孙子守道、守贞、守能。守道自己有传。

宗弼列传第十五

宗弼，本名斡啜，又作兀术，亦作斡出，或作晃斡出，太祖第四子也。

希尹获辽护卫习泥烈，问知辽帝猎鸳鸯泺。都统杲出青岭，宗望、宗弼率百骑与马和尚逐越卢孛古、野里斯等，驰击败之。宗弼矢尽，遂夺辽兵士枪，独杀八人，生获五人，遂审得辽主在鸳鸯泺畋猎，尚未去，可袭取者。

及宗望伐宋，宗弼从军，取汤阴县，降其卒三千人。至御河，宋人已焚桥，不得渡，合鲁索以七十骑涉之，杀宋焚桥军五百人。宗望遣吴孝民先入汴谕宋人，宗弼以三千骑薄汴城，宋上皇出奔，选百骑追之，弗及，获马三千而还。

宗望薨，宗辅为右副元帅，徇地淄、青。宗弼败宋郑宗孟数万众，遂克青州。复破贼将赵成于临朐，大破黄琼军，遂取临朐。宗辅军还，遇敌三万众于河上，宗弼击败之，杀万余人。

诏伐宋康王，宗辅发河北，宗弼攻开德府，粮乏，转攻濮州。前锋乌林答泰欲破王善二十万众，遂克濮州，降旁近五县。攻开德府，宗弼以其军先登，奋击破之。攻大名府，宗弼军复先登，破其城。河北平。

宋主自扬州奔于江南，宗弼等分道伐之。进兵归德，城中有自西门北门出者，当海复败之。乃绝隍筑道，列炮隍上，将攻之，城中人惧，遂降。先遣阿里、蒲卢浑至寿春，宗弼军继之。宋安抚使马世元率官属出降。进降庐州，再降巢县王善军。当海等破郦琼万余众于和州，遂自和州渡江。将至江宁西二十里，宋杜充率步骑六万来拒战，鹘卢补、当海、迪虎、大臭合击破之。宋陈邦光以江宁府降。留长安奴、斡里也守江宁。使阿鲁补、斡里也别将兵徇地，下太平州、濠州及句容、溧阳等县，溯江而西，屡败张永等兵，杜充遂降。

宗弼自江宁取广德军路，追袭宋主于越州。至湖州，取之。先使阿里、蒲卢浑趋杭州，具舟于钱塘江。宗弼至杭州，官守巨室皆逃去，遂攻杭州，取之。宋主闻杭州不守，遂自越奔明州。宗弼留杭州，使阿里、蒲卢浑以精兵四千袭之。讹鲁补、术列速降越州。大臭破宋周汪军，阿里、蒲鲁浑破宋兵三千，遂渡曹娥江，去明州二十五里，大破宋兵，追至其城下。城中出兵，战失利，宋主走入于海。宗弼中分麾下兵，会攻明州，克之。阿里、蒲卢浑泛海至昌国县，执宋明州守赵伯谔，伯谔言『宋主奔温州，将自温州趋福州矣』。遂行海追三百余里，不及，阿里、蒲卢浑乃还。

宗弼还自杭州，遂取秀州。赤盏晖败宋军于平江，遂取平江。阿里率兵先趋镇江，宋韩世忠以舟师扼江口，宗弼舟小，契丹、汉军没者二百余人，遂自镇江溯流西上。世忠袭之，夺世忠大舟十艘，于是宗弼循南岸，世忠循北岸，且战且行。世忠艨艟大舰数倍宗弼军，出宗弼军前后数里，击柝之声，自夜达旦。世忠以轻舟来挑战，一日数接。将至黄天荡，宗弼乃因老鹳河故道开三十里通秦淮，一日一夜而成，宗弼乃得至江宁。挞懒使移剌古自天长趋江宁援宗弼，乌林答泰欲亦以兵来会，连败宋兵。

宗弼发江宁，将渡江而北。宗弼军渡自东，移剌古渡自西，与世忠战于江渡。世忠分舟师绝江流上下，将左右掩击之。世忠舟皆张五緉，宗弼选善射者，乘轻舟，以火箭射世忠舟上五緉，五緉著火箭，皆自焚，烟焰满江，世忠不能军，追北七十里，舟军歼焉，世忠仅能自免。

宗弼渡江北还，遂从宗辅定陕西。与张浚战于富平，宗弼陷重围中，韩常流矢中目，怒拔去其矢，血淋漓，以土塞创，跃马奋呼搏战，遂解围，与宗弼俱出。既败张浚军于富平，遂与阿卢补招降熙河、泾原两路。及攻吴玠于和尚原，抵险不可进，乃退军，伏兵起，且战且走，行三十里，将至平地，宋军阵于山口，宗弼大败，将士多战没。明年，复攻和尚原，克之。天会十五年，为右副元帅，封沈王。

天眷元年，挞懒、宗磐执议以河南之地割赐宋，诏遣张通古等奉使江南。明年，宋主遣端明殿学士韩肖胄奉表谢，遣王伦等乞归父丧及母韦氏兄弟。宗弼自军中入朝，进拜都元帅。宗弼察挞懒与宋人交通赂遗，遂以河南、陕西与宋，奏请诛挞懒，复旧疆。是时，宗磐已诛，挞懒在行台，复与鹘懒谋反。会置行台于燕京，诏宗弼为太保，领行台尚书省，都元帅如故，往燕京诛挞懒。挞懒自燕京南走，将亡入于宋，追至祁州，杀之。

诏『诸州郡军旅之事，决于帅府。民讼钱谷，行台尚书省治之』。宗弼兼总其事，遂议南伐。太师宗干以下皆曰：

『构蒙再造之恩，不思报德，妄自鸱张，祈求无厌，今若不取，后恐难图。』上曰：『彼将谓我不能奄有河南之地。且都元帅久在方面，深究利害，宜即举兵讨之。』遂命元帅府复河南疆土，诏中外。

宗弼由黎阳趋汴，右监军撤离喝出河中趋陕西。宋岳飞、韩世忠分据河南州郡要害，复出兵涉河东，驻岚、石、保德之境，以相牵制。宗弼遣孔彦舟下汴、郑两州，王伯龙取陈州，李成取洛阳，自率众取亳州及顺昌府，嵩、汝等州相次皆下。时暑，宗弼还军于汴，岳飞等军皆退去，河南平，时天眷三年也。上使使劳问宗弼以下将士，凡有功军士三千，并加忠勇校尉。攻岚、石、保德皆克之。

宗弼入朝，是时，上幸燕京，宗弼见于行在所。居再旬，宗弼还军，上起立酌酒饮之，赐以甲胄弓矢及马二匹。宗弼已启行四日，召还。至日，希尹诛。越五日，宗弼还军，进伐淮南，克庐州。

上幸燕京。宗弼朝燕京，乞取江南，上从之。制诏都元帅宗弼比还军与宰臣同入奏事。俄为尚书左丞相兼侍中，太保、都元帅、领行台如故。诏以燕京路隶尚书省，西京及山后诸部族隶元帅府。乃还军，遂伐江南。既渡淮，以书责让宋人，宋人答书乞加宽宥。宗弼令宋主遣信臣来禀议，宋主乞『先敛兵，许弊邑拜表阙下』，宗弼以便宜约以画淮水为界。上遣护卫将军撒改往军中劳之。

皇统二年二月，宗弼朝京师，兼监修国史。宋主遣端明殿学士何铸等进誓表，其表曰：『臣构言，今来画疆，合以淮水中流为界，西有唐、邓州割属上国。自邓州四十里并南四十里为界，属邓州。其四十里外并西南尽属光化军，为弊邑。沿边州城，既蒙恩造，许备藩方，世世子孙，谨守臣节。每年皇帝生辰并正旦，遣使称贺不绝。岁贡银、绢二十五万两、匹，自壬戌年为首，每春季差人般送至泗州交纳。有渝此盟，明神是殛，坠命亡氏，踣其国家。臣今既进誓表，伏望上国蚤降誓诏，庶使弊邑永有凭焉。』

宗弼进拜太傅。乃遣左宣徽使刘筈使宋，以衮冕圭宝珮璲玉册册康王为宋帝。其册文曰：『皇帝若曰：咨尔宋康王赵构。不吊，天降丧于尔邦，亟渎齐盟，自贻颠覆，俾尔越在江表。用勤我师旅，盖十有八年于兹。朕用震悼，斯民其何罪。今天其悔祸，诞诱尔衷，封奏狎至，愿身列于藩辅。今遣光禄大夫、左宣徽使刘筈等持节册命尔为帝，国号宋，世服臣职，永为屏翰。呜呼钦哉，其恭听朕命。』仍诏天下。赐宗弼人口牛马各千、驼百、羊万，仍每岁宋国进贡内给银、绢二千两、匹。

宗弼表乞致仕，不许，优诏答之，赐以金券。皇统七年，为太师，领三省事，都元帅、领行台尚书省事如故。皇统八年，薨。大定十五年，谥忠烈，十八年，配享太宗庙廷。子孛迭。

赞曰：宗弼蹙宋主于海岛，卒定画淮之约。熙宗举河南、陕西以与宋人，矫而正之者，宗弼也。宗翰死，宗磐、宗隽、挞懒湛溺富贵，人人有自为之心，宗干独立，不能如之何，时无宗弼，金之国势亦曰殆哉。世宗尝有言曰：『宗翰之后，惟宗弼一人。』非虚言也。

【译文】

宗弼本来的名字叫斡啜，又叫兀术，也叫斡出，或者叫晃斡出，是太祖的第四个儿子。

希尹俘获了辽的护卫习泥烈，审问得知辽帝在鸳鸯泺游猎。都统杲出兵青岭，宗望、宗弼率领一百骑兵与马和尚追击越卢孛古、野里斯等，打败了他们。宗弼的箭用完了，就夺过辽兵士的枪，一个人杀死了八个人，生擒了五个人，于是审问得知辽主在鸳鸯泺畋猎还没有离开，可以乘机袭击并抓住他。

宗望讨伐宋朝的时候，宗弼跟随军队，夺取了汤阴县，降服宋兵三千来人。到了御河，宋人已焚烧桥梁，不能渡过去，合鲁索带七十名骑兵涉水而过，斩杀宋烧桥的士兵五百来人。宗望派吴孝民先行进入汴京宣谕宋人，宗弼用三千骑兵逼近汴城。宋太上皇出逃，宗弼选一百名骑兵追他，没有追上，获得马三千匹而回。

宗望去世，宗辅为右副元帅，在淄、青两州攻占土地。宗弼打败了宋郑宗孟的军队好几万人，于是攻克了青州。又在临朐击溃贼将赵成，大破黄琼的军队，夺取了临朐。宗辅军队撤回，在黄河遇到敌军三万人，宗弼打败了他们，斩杀一万多人。

皇帝下令讨伐宋康王，宗辅从河北出发，宗弼攻打开德府，粮食缺乏，转攻濮州。前锋乌林答泰欲打败王善二十万军队，于是攻克濮州，降服旁近五个县。攻打开德府时，宗弼使自己的军队首先登上城墙，奋力打破开德城。攻打大名府时，宗弼的军队又先行登上了城墙，攻破了这座城池。河北被平定了。

宋帝从扬州出奔江南，宗弼等分道讨伐他。进兵归德时，城中有从西门、北门出来的军队，当海又打败了他们。于是断绝无水的城壕修筑道路，在城壕上架起大炮，将要攻打的时候，城中的人害怕，就投降了。先遣阿里、蒲卢浑到了寿春，宗弼的军队接着开到。宋安抚使马世元率领官属出来投降。接着宗弼降服了庐州，再一次降服了巢县王善的军队。当海等在和州打败了郦琼一万多军队，于是从和州渡长江。将要到江宁以西二十里的地方，宋朝杜充率领步兵和骑马将士六万人来阻挡，鹘卢补、当海、迪虎、大臭联合击败了他。宋陈邦光以江宁府投降。留下长安奴、斡里也镇守江宁。派遣阿鲁补、斡里也另外率领军队夺取土地，拿下了太平州、濠州及句容、溧阳等县，沿着长江向西前进，屡次打败张永等人的军队，杜充于是投降。

宗弼从江宁夺取广德军路，在越州追击宋朝皇帝，到了湖州，夺取了这个地方。先派阿里、蒲卢浑奔赴杭州，在钱塘江上准备船只。宗弼到杭州，官守和富户都逃跑了，就攻打杭州，夺取了这个地方。宋帝听说杭州失守，于是从越州逃奔明州。宗弼留在杭州，派遣阿里、蒲卢浑用精兵四千袭击明州。讹鲁补、术列速降服越州，大臭击溃宋周汪的军队，阿里、蒲卢浑打败了宋兵三千人，于是渡曹娥江，离明州二十五里，大破宋兵，追到明州城下。城中出兵，交战失利，宋帝奔逃入海中。宗弼平分手下的士兵，协同攻打明州，打胜了。阿里、薄卢浑由海上到达昌国县。拘捕了宋明州守官赵伯谔，伯谔说：『宋帝奔逃温州，将从温州奔赴福州。』他们于是走海路追赶了三百多里，没有追上，阿里、蒲卢浑才回来。

宗弼从杭州撤回，夺取了秀州。赤盏晖在平江打败宋军，于是夺取了平江。阿里率兵先行奔赴镇江，宋韩世忠以船队扼守着长江口，宗弼的船小，契丹、汉军淹死了有二百多人，于是从镇江逆江水向西行。世忠攻打他们，被宗弼夺取了大船十艘，于是宗弼沿着南岸，世忠沿着北岸，一边战斗一边行进。世忠的战船大舰比宗弼的军队多好几倍，出没在宗弼军的前后数里，敲打木梆的声音从夜晚一直响到天亮。世忠用轻便的船来挑战，一天好几次相遭遇。将要到黄天荡的时候，宗弼沿着老鹳河的故道打通了三十里通秦淮河，一天一宿就完成了，他才得以到了江宁。挞懒派遣移剌古从天长奔赴江宁援助宗弼，乌林答泰欲也带兵来会合，连连击败宋兵。

宗弼自江宁出发，要渡长江向北去。宗弼的军队从东渡，移剌古的军队从西渡，与世忠战于长江渡口。世忠分船队断绝了上下游，准备从左右乘虚攻打。世忠的每条船上都摆放有五双草鞋，宗弼挑选善于射箭的，乘着轻快的小船，用火箭射世忠船上的草鞋，草鞋被火箭击中，都自己燃烧起来，烟焰满江，世忠不能成军，败退七十里，舟师被消灭，韩世忠仅仅能够自免一死。

宗弼渡过长江北还，于是跟从宗辅平定陕西。与张浚在富平交战，宗弼陷于重重包围之中。韩常被乱飞的箭射中眼睛，他愤怒地拔去箭，鲜血淋漓，就用土堵塞伤口，飞马大喊着与敌人格斗，于是解除了包围，与宗弼一起撤出。在富平打败了张浚的军队之后，就与阿卢补招降熙河、泾原两路。在和尚原攻打吴玠的时候，遇到险阻不能前进，于是退军，谁知伏兵出现，只好边战边走，走了三十里，将要到平地的时候，遇宋军在山口列阵待机，宗弼大败，将官和士兵多战死。第二年，又攻和尚原，取得了胜利。天会十五年，宗弼任右副元帅，封沈王。

天眷元年，挞懒、宗磐坚持把河南割赐给宋朝，皇帝派张通古等出使江南。第二年，宋帝派端明殿学士韩肖胄献表致谢，派遣王伦等请求归还父亲的殡丧及母亲韦氏兄弟。宗弼从军队中入朝，进拜为都元帅。宗弼了解到挞懒与宋人往来、互赠礼物、接受贿赂，把河南、陕西送给宋，就上奏请求斩杀挞懒，恢复原来的疆域。这个时候，宗磐已处斩，挞懒在行台，又与鹘懒谋划反叛。恰好在燕京设置行台，皇帝命宗弼为太保，统领行台尚书省，都元帅仍旧，前往燕京诛杀挞懒。挞懒从燕京南逃，将要逃入宋境的时候，宗弼追到祁州，杀了他。

皇帝下令：『各州郡的军旅之事，取决于元帅府。民间诉讼及钱谷之事，由行台尚书省治理。』宗弼兼任总掌其事，于是商议南伐。太师宗干以下的官员都说：『赵构承蒙再造的恩德，不想报德，妄自嚣张，祈求没有个满足，现在要是不取缔他，以后恐怕就难以图谋了。』皇上说：『他们将说我们不能占有河南这块地方。况且都元帅长久独当一面，深深推寻过利与害，应该马上举兵讨伐他们。』于是命令元帅府恢复河南的疆土，并将皇帝的命令宣示朝廷内外。

宗弼从黎阳奔赴汴京，右监军撤离喝从河中出兵奔陕西。宋朝岳飞、韩世忠分别据守着河南州郡的要害之处，又出兵经河东，驻扎在岚州、石州、保德的边境，以互相牵制。宗弼派孔彦舟攻下汴、郑两州，王伯龙攻取陈州，李成攻取洛阳，自己率领军队攻取亳州及顺昌府，嵩、汝等州相继被攻下。当时正热，宗弼退还军队到汴京，岳飞等的军队都已退走，河南平定，那时是天眷三年。皇上派使者慰劳抚问宗弼以下的将官和士兵，有功劳的军士三千人，全都加官忠勇校尉。攻打岚州、石州、保德州的军队全都取得了胜利。

宗弼入朝，当时，皇帝巡幸燕京，宗弼在行在拜见了皇帝。宗弼住了二十天，打算回军队，皇上起立斟酒给他喝，赏赐给甲胄、弓箭和马两匹。宗弼已经启程走了四天，皇帝又把他召回。宗弼到的那天，希尹被杀。过了五天，宗弼回军队，进军讨伐淮南，攻克庐州。

皇上巡幸燕京。宗弼到燕京朝见，请求攻取江南，皇上听从这一主意。皇帝下令都元帅宗弼等到回军之后与宰辅大臣一同入朝奏事。不久宗弼为尚书左丞相兼侍中，太保、都元帅、统领行台职务仍旧。皇帝下令燕京路隶属尚书省，西京及山后各部族隶属元帅府。宗弼回到军队，随即讨伐江南。渡过淮河之后，宗弼发文书责难宋人，宋人回信请求予以宽恕。宗弼命令宋帝派遣可靠的大臣来禀告商议，宋帝请求：『先收兵，允许敝邑拜表阙下。』宗弼以不奏禀可自行处理的特权与宋人相约划淮水为边界。皇上派护卫将军撒改前往军队中慰劳他们。

皇统二年二月，宗弼赴京师朝见，兼任监修国史。宋帝派遣端明殿学士何铸等进奏誓表，表文说：『臣构禀奏：今来划分疆界，以淮水中流为界线比较合适，界西有唐州、邓州割属给贵国。从邓州以西四十里并向南四十里为界线，属于邓州。在这四十里以外和西南全部属于光化军，属于敝邑。沿边界的州城，既已承蒙恩造，请允许为一方藩属，世世子孙，谨慎地恪守为臣的操守。每年皇帝的生辰以及正月旦日，派遣使臣称贺不绝。每年贡献银、绢二十五万两、匹，从壬戌年开始，每年春季派人搬送到泗州交纳。有违背这个盟约的，明神即加诛戮，丢性命亡家族，颠覆他的国家。臣今天既已奏进誓表，俯首待望贵国早早降下誓诏，希望使敝邑永远有个凭据。』

宗弼晋升拜任为太傅。于是派左宣徽使刘筈出使宋朝，用衮冕、圭宝、佩璲、玉册册命康王为宋朝的皇帝。册文说：『皇帝说：宋康王赵构听命。你没有善心，天给你的国家降下了死亡，你多次背弃两国的盟约，自己招致颠覆，使你流落在大江以南，让我的军队受辛劳，到现在大概十有八年了。使我震惊悲伤，这里的老百姓有什么罪？现今皇天不愿再有祸乱，宽大地诱导你的忠诚，才使你密缄的奏章常常送来，愿意自身列为藩辅之国。今派遣光禄大夫、左宣徽使刘筈等拿着符节册命你为皇帝，国号为宋，世世履行为臣的职守，永远为大国的屏藩。一定要谨慎啊，你要恭敬地听取我的命令。』皇帝把这件事诏告了天下。赏赐给宗弼人口、牛马各一千，骆驼一百，羊一万，还从每年宋国进贡的岁币之内给银、绢两千两、匹。

宗弼上表请求退休，皇帝不允许，对他特别优待，用诏书回答了他，赏赐给金券。皇统七年，宗弼任太师，领三省事，都元帅、领行台尚书省事仍旧。他在皇统八年去世。大定十五年，谥称忠烈，十八年，陪位太宗庙廷分享祭祀。儿子叫孛迭。

评论说：宗弼在海岛逼迫宋朝皇帝，终于订立了划淮为界的盟约。熙宗把河南、陕西送给宋人，纠正这一过错的人，就是宗弼。宗翰死后，宗磐、宗隽、挞懒等人深深沉溺于富贵，人人有为自己打算的心，宗干只是不同流合污，不能对他们这些人怎么样，当时没有宗弼，金朝的国势也可以说危险了。世宗曾有话说：『宗翰之后，只有宗弼一个人。』不是虚美的话啊。

元史

太祖本纪第一

太祖法天启运圣武皇帝，讳铁木真，姓奇渥温氏，蒙古部人。

其十世祖孛端叉儿，母曰阿兰果火，嫁脱奔咩哩犍，生二子，长曰博寒葛答黑，次曰博合睹撒里直。既而夫亡，阿兰寡居，夜寝帐中，梦白光自天窗中入，化为金色神人，来趋卧榻。阿兰惊觉，遂有娠，产一子，即孛端叉儿也。孛端叉儿状貌奇异，沉默寡言，家人谓之痴。独阿兰语人曰：『此儿非痴，后世子孙必有大贵者。』阿兰没，诸兄分家赀不及之。孛端叉儿曰：『贫贱富贵，命也，赀财何足道。』独乘青白马，至八里屯阿懒之地居焉。食饮无所得，适有苍鹰搏野兽而食，孛端叉儿以缗设机取之，鹰即驯狎。乃臂鹰猎兔禽以为膳，或阙即继，似有天相之。居数月，有民数十家自统急里忽鲁之野逐水草来迁，孛端叉儿结茅与之居，出入相资，自此生理稍足。一日，仲兄忽思之，曰：『孛端叉儿独出而无赍，近者得无冻馁乎？』即自来访，邀与俱归。孛端叉儿中路谓其兄曰：『统急里忽鲁之民无所属附，若临之以兵，可服也。』兄以为然。至家，即选壮士，令孛端叉儿帅之前行，果尽降之。

孛端叉儿殁，子八林昔黑剌秃合必畜嗣，生子曰咩撚笃敦。咩撚笃敦妻曰莫挐伦，生七子而寡。莫挐伦性刚急。时押剌伊而部有群小儿掘田间草根以为食，莫挐伦乘车出，适见之，怒曰：『此田乃我子驰马之所，群儿辄敢坏之邪。』驱车径出，辗伤诸儿，有至死者。押剌伊而忿怨，尽驱莫挐伦马群以去。莫挐伦诸子闻之，不及被甲，往追之。莫挐伦私忧曰：『吾儿不甲以往，恐不能胜敌。』令子妇载甲赴之，已无及矣。既而果为所败，六子皆死。押剌伊而乘胜杀莫挐伦，灭其家。惟一长孙海都尚幼，乳母匿诸积木中，得免。先是，莫挐伦第七子纳真，于八剌忽民家为赘婿，故不及难。闻其家被祸，来视之，见病妪十数与海都尚在，其计无所出。幸驱马时，兄之黄马三次掣套竿逸归，纳真至是得乘之。乃伪为牧马者，诣押剌伊而。路逢父子二骑先后行，臂鹰而猎。纳真识其鹰，曰：『此吾兄所擎者也。』趋前绐其少者曰：『有赤马引群马而东，汝见之乎？』曰：『否。』少者乃问曰：『尔所经过有凫雁乎？』曰：『有。』曰：

『汝可为吾前导乎？』曰：『可。』遂同行。转一河隈，度后骑相去稍远，刺杀之。絷马与鹰，趋迎后骑，绐之如初。后骑问曰：『前射凫雁者吾子也，何为久卧不起耶？』纳真以鼻衄对。骑者方怒，纳真乘隙刺杀之。复前行至一山下，有马数百，牧者唯童子数人，方击髀石为戏。纳真熟视之，亦兄家物也。绐问童子，亦如之。于是登山四顾，悄无来人，尽杀童子，驱马臂鹰而还，取海都并病妪，归八剌忽之地止焉。海都稍长，纳真率八剌忽怯谷诸民，共立为君。海都既立，以兵攻押剌伊而，臣属之，形势浸大。列营帐于八剌合黑河上，跨河为梁，以便往来。由是四傍部族归之者渐众。

海都殁，子拜姓忽儿嗣。拜姓忽儿殁，子敦必乃嗣。敦必乃殁，子葛不律寒嗣。葛不律寒殁，子八哩丹嗣。八哩丹殁，子也速该嗣，并吞诸部落，势愈盛大。也速该崩，至元三年十月，追谥烈祖神元皇帝。

初，烈祖征塔塔儿部，获其部长铁木真。宣懿太后月伦适生帝，手握凝血如赤石。烈祖异之，因以所获铁木真名之，志武功也。

族人泰赤乌部旧与烈祖相善，后因塔儿不台用事，遂生嫌隙，绝不与通。及烈祖崩，帝方幼冲，部众多归泰赤乌。近侍有脱端火儿真者亦将叛，帝自泣留之。脱端曰：『深池已乾矣，坚石已碎矣，留复何为！』竟帅众驰去。宣懿太后怒其弱己也，麾旗将兵，躬自追叛者，驱其太半而还。

时帝麾下搠只别居萨里河。札木合部人秃台察儿居玉律哥泉，时欲相侵凌，掠萨里河牧马以去。搠只麾左右匿群马中，射杀之。札木合以为怨，遂与泰赤乌诸部合谋，以众三万来战。帝时驻军答阑版朱思之野，闻变，大集诸部兵，分十有三翼以俟。已而札木合至，帝与大战，破走之。

当是时，诸部之中，唯泰赤乌地广民众，号为最强。其族照烈部，与帝所居相近。帝尝出猎，偶与照烈猎骑相属，帝谓之曰：『今夕可同宿乎？』照烈曰：『同宿固所愿，但从者四百，因糗粮不具，已遣半还矣，今将奈何？』帝固邀与宿，凡其留者，悉饮食之。明日再合围，帝使左右驱兽向照烈，照烈得多获以归。其众感之，私相语曰：『泰赤乌与我虽兄弟，常攘我车马，夺我饮食，无人君之度。有人君之度者，其惟铁木真太子乎？』照烈之长玉律，时为泰赤乌所虏，不能堪，遂与塔海答鲁领所部来归，将杀泰赤乌以自效。帝曰：『我方熟寐，幸汝觉我，自今车辙人迹之途，当尽夺以与汝矣。』已而二人不能践其言，复叛去。塔海答鲁至中路，为泰赤乌部人所杀，照烈部遂亡。

时帝功德日盛，泰赤乌诸部多苦其主非法，见帝宽仁，时赐人以裘马，心悦之。若赤老温、若哲别、若失力哥也不干诸人，若朵郎吉、若札剌儿、若忙兀诸部，皆慕义来降。

帝会诸族薛彻、大丑（及薛彻别吉）等，各以旄车载湩酪，宴于斡难河上。帝与诸族及薛彻别吉之母忽儿真之前，共置马湩一革囊；薛彻别吉次母野别该之前，独置一革囊。忽儿真怒曰：『今不尊我，而贵野别该乎？』疑帝之主膳者失丘儿所为，遂笞之。于是颇有隙。时皇弟别里古台掌帝乞列思事。播里掌薛彻别吉乞列思事。播里从者因盗去马韁，别里古台执之。播里怒斫别里古台，伤其背。左右欲斗，别里古台止之，曰：『汝等欲即复仇乎？我伤幸未甚，姑待之。』不听，各持马乳橦疾斗，夺忽儿真、火里真二哈敦以归。薛彻别吉遣使请和，因令二哈敦还。会塔塔儿部长蔑兀真笑里徒背金约，金主遣丞相完颜襄帅兵逐之北走。帝闻之，发近兵自斡难河迎击，仍谕薛彻别吉帅部人来助。候六日不至，帝自与战，杀蔑兀真笑里徒，尽虏其辎重。

帝之麾下有为乃蛮部人所掠者，帝欲讨之，复遣六十人征兵于薛彻别吉。薛彻别吉以旧怨之故，杀其十人，去五十人衣而归之。帝怒曰：『薛彻别吉曩笞我失丘儿，斫伤我别里古台，今又敢乘敌势以陵我耶！』因帅兵逾沙碛攻之，杀虏其部众，唯薛彻、大丑仅以妻孥免。越数月，帝复伐薛彻、大丑，追至帖烈徒之隘，灭之。

克烈部札阿绀孛来归。札阿绀孛者，部长汪罕之弟也。汪罕名脱里，受金封爵为王，番言音重，故称王为汪罕。

初，汪罕之父忽儿札胡思盃禄既卒，汪罕嗣位，多杀戮昆弟。其叔父菊儿（罕）帅兵与汪罕战，逼于哈剌温隘败之；仅以百余骑脱走，奔于烈祖。烈祖亲将兵逐菊儿（罕）走西夏，复夺部众归汪罕。汪罕德之，遂相与盟，称为按答。烈祖崩，汪罕之弟也力可哈剌，怨汪罕多杀之故，复叛归乃蛮部。乃蛮部长亦难赤为发兵伐汪罕，尽夺其部众与之。汪罕走河西、回鹘、回回三国，奔契丹。既而复叛归，中道粮绝，捋羊乳为饮，刺橐驼血为食，困乏之甚。帝以其与烈祖交好，遣近侍往招之。帝亲迎抚劳，安置军中振给之。遂会于土兀剌河上，尊汪罕为父。

未几，帝伐蔑里乞部，与其部长脱脱战于莫那察山，遂掠其资财、田禾，以遗汪罕。汪罕因此部众稍集。

居亡何，汪罕自以其势足以有为，不告于帝，独率兵复攻蔑里乞部。部人败走，脱脱奔八儿忽真之隘。汪罕大掠而还，于帝一无所遗，帝不以屑意。

会乃蛮部长不（鲁欲）〔欲鲁〕罕不服，帝复与汪罕征之，至黑辛八石之野，遇其前锋也的脱孛鲁者，领百骑来战，见军势渐逼，走据高山，其马鞍转坠，擒之。曾未几何，帝复与乃蛮骁将曲薛吾撒八剌二人遇，会日暮，各还营垒，约明日战。是夜，汪罕多燃火营中，示人不疑，潜移部众于别所。及旦，帝始知之，因颇疑其有异志，退师萨里河。既而汪罕亦还至土兀剌河，汪罕子亦剌合及札阿绀孛来会。曲薛吾等察知之，乘其不备，袭虏其部众于道。亦剌合奔告汪罕，汪罕命亦剌合与卜鲁忽斛共追之，且遣使来曰：『乃蛮不道，掠我人民，太子有四良将，能假我以雪耻乎？』帝顿释前憾，遂遣博尔术、木华黎、博罗浑、赤老温四人，帅师以往。师未至，亦剌合已追及曲薛吾，与之战，大败，卜鲁忽斛成擒。流矢中亦剌合马胯，几为所获。须臾四将至，击乃蛮走，尽夺所掠归汪罕。已而与皇弟哈撒儿再伐乃蛮，拒斗于忽阑盏侧山，大败之，尽杀其诸将族众，积尸以为京观。乃蛮之势遂弱。

时泰赤乌犹强，帝会汪罕于萨里河，与泰赤乌部长沆忽等大战斡难河上，败走之，斩获无算。

哈答斤部、散只兀部、朵鲁班部、塔塔儿部、弘吉剌部闻乃蛮、泰赤乌败，皆畏威不自安，会于阿雷泉，斩白马为誓，欲袭帝及汪罕。弘吉剌部长迭夷恐事不成，潜遣人告变。帝与汪罕自虎图泽逆战于盃亦烈川，又大败之。

汪罕遂分兵，自由〔怯〕绿怜河而行。札阿绀孛谋于按敦阿述、燕火脱儿等曰：『我兄性行不常，既屠绝我昆弟，我辈又岂得独全乎？』按敦阿述泄其言，汪罕令执燕火脱儿等至帐下，解其缚，且谓燕火脱儿曰：『吾辈由西夏而来，道路饥困，其相誓之语，遗忘之乎？』因唾其面。坐上之人皆起而唾之。汪罕又屡责札阿绀孛，至于不能堪。札阿绀孛与燕火脱儿等俱奔乃蛮。

帝驻军于彻彻儿山，起兵伐塔塔儿部。部长阿剌兀都儿等来逆战，大败之。

时弘吉剌部欲来附，哈撒儿不知其意，往掠之。于是弘吉剌归札木合部，与朵鲁班、亦乞剌思、哈答斤、火鲁剌思、塔塔儿、散只兀诸部，会于犍河，共立札木合为局儿罕，盟于秃律别儿河岸，为誓曰：『凡我同盟，有泄此谋者，如岸之摧，如林之伐。』誓毕，共举足蹋岸，挥刀斫林，驱士卒来侵。塔海哈时在众中，与帝麾下抄吾儿连姻，抄吾儿偶往视之，具知其谋，即还至帝所，悉以其谋告之。帝即起兵，逆战于海剌儿、帖尼火鲁罕之地，破之。札木合脱走，弘吉剌部来降。

岁壬戌，帝发兵于兀鲁回失连真河，伐按赤塔塔儿、察罕塔塔儿二部。先誓师曰：『苟破敌逐北，见弃遗物，慎无获，俟军事毕散之。』既而果胜，族人按弹、火察儿、答力台三人背约，帝怒，尽夺其所获，分之军中。

初，脱脱败走八儿忽真隘，既而复出为患，帝帅兵讨走之。至是，又会乃蛮部不（鲁欲）〔欲鲁〕罕约朵鲁班、塔塔儿、哈答斤、散兄兀诸部来侵。帝遣骑乘高四望，知乃蛮兵渐至，帝与汪罕移军入塞。亦剌合自北边来据高山结营，乃蛮军冲之不动，遂还。亦剌合寻亦入塞。将战，帝迁辎重于他所，与汪罕倚阿兰塞为壁，大战于阙奕坛之野。乃蛮使神巫祭风雪，欲因其势进攻。既而反风，逆击其阵。乃蛮军不能战，欲引还。雪满沟涧，帝勒兵乘之，乃蛮大败。是时札木合部起兵援乃蛮，见其败，即还。道经诸部之立己者，大纵掠而去。

帝欲为长子术赤求昏于汪罕女抄儿伯姬，汪罕之（子）〔孙〕秃撒合亦欲尚帝女火阿真伯姬，俱不谐。自是颇有违言。初，帝与汪罕合军攻乃蛮，约明日战。札木合言于汪罕曰：『我于君是白翎雀，他人是鸿雁耳。白翎雀寒暑常在北方，鸿雁遇寒则南飞就暖耳。』意谓帝心不可保也。汪罕闻之疑，遂移部众于别所。及议昏不成，札木合复乘隙谓亦剌合曰：『太子虽言是汪罕之子，尝通信于乃蛮，将不利于君父子。君若能加兵，我当从傍助君也。』亦剌合信之。会答力台、火察儿、按弹等叛归亦剌合，亦说之曰：『我等愿佐君讨宣懿太后诸子也。』亦剌合大喜，遣使言于汪罕。汪罕曰：『札木合，巧言寡信人也，不足听。』亦剌合力言之，使者往返者数四。汪罕曰：『吾身之存，实太子是赖。髭须已白，遗骸冀得安寝，汝乃喋喋不已耶？汝善自为之，毋贻吾忧可也。』札木合遂纵火焚帝牧地而去。

岁癸（丑）〔亥〕，汪罕父子谋欲害帝，乃遣使者来曰：『向者所议姻事，今当相从，请来饮布浑察儿。』帝以为然，率十骑赴之。至中道，心有所疑，命一骑往谢，帝遂还。汪罕谋既不成，即议举兵来侵。圉人乞（力失）〔失力〕闻其事，密与弟把带告帝。帝即驰军阿兰塞，悉移辎重于他所，遣折里麦为前锋，俟汪罕至即整兵出战。先与朱力斤部遇，次与董哀部遇，又次与火力失烈门部遇，皆败之；最后与汪罕亲兵遇，又败之。亦剌合见势急，突来冲阵，射之中颊，即敛兵而退。怯里亦部人遂弃汪罕来降。

汪罕既败而归，帝亦将兵还至董哥泽驻军，遣阿里海致责于汪罕曰：『君为叔父菊儿〔罕〕所逐，困迫来归，我父即攻菊儿〔罕〕败之于河西，其土地人民尽收与君。此大有功于君一也。君为乃蛮所攻，西奔日没处。君弟札阿绀孛在金境，我亟遣人召还。比至，又为蔑里乞部人所逼，我请我兄薛彻别吉及我弟大丑往杀之。此大有功于君二也。君困迫来归时，我过哈丁里，历掠诸部羊、马、资财，尽以奉君，不半月间，令君饥者饱，瘠者肥。此大有功于君三也。君不告我往掠蔑里乞部，大获而还，未尝以毫发分我，我不以为意。及君为乃蛮所倾覆，我遣四将夺还尔民人，重立尔国家。此大有功于君四也。我征朵鲁班、塔塔儿、哈答斤、散只兀、弘吉剌五部，如海东鸷禽之于鹅雁，见无不获，获则必致于君。此大有功于君五也。是五者皆有明验，君不报我则已，今乃易恩为仇，而遽加兵于我哉。』汪罕闻之，语亦剌合曰：『我向者之言何如？吾儿宜识之。』亦剌合曰：『事势至今日，必不可已，唯有竭力战斗。我胜则并彼，彼胜则并我耳。多言何为。』

时帝诸族按弹、火察儿皆在汪罕左右。帝因遣阿里海诮责汪罕，就令告之曰：『昔者吾国无主，以薛彻、太丑二人实我伯祖八剌哈之裔，欲立之。二人既已固辞，乃以汝火察儿为伯父聂坤之子，又欲立之，汝又固辞。然事不可中辍，复以汝按弹为我祖忽都剌之子，又欲立之，汝又固辞。于是汝等推戴吾为之主，初岂我之本心哉，不自意相迫至于如此也。三河，祖宗肇基之地，毋为他人所有。汝善事汪罕，汪罕性无常，遇我尚如此，况汝辈乎。我今去矣，我今去矣。』按弹等无一言。

帝既遣使于汪罕，遂进兵虏弘吉（利）〔剌〕别部溺儿斤以行。至班朱尼河，河水方浑，帝饮之以誓众。有亦乞烈部人孛徒者，为火鲁剌部所败，因遇帝，与之同盟。哈撒儿别居哈剌浑山，妻子为汪罕所虏，挟幼子脱虎走，粮绝，探鸟卵为食，来会于河上。时汪罕形势盛强，帝微弱，胜败未可知，众颇危惧。凡与饮河水者，谓之饮浑水，言其曾同艰难也。汪罕兵至，帝与战于哈阑真沙陀之地，汪罕大败。其臣按弹、火察儿、札木合等谋弑汪罕，弗克，往奔乃蛮。答力台、把怜等部稽颡来降。

帝移军斡难河源，谋攻汪罕，复遣二使往汪罕，伪为哈撒儿之言曰：『我兄太子今既不知所在，我之妻孥又在王所，纵我欲往，将安所之耶？王傥弃我前愆，念我旧好，即束手来归矣。』汪罕信之，因遣人随二使来，以皮囊盛血与之盟。及至，即以二使为向导，令军士衔枚夜趋折折运都山，出其不意，袭汪罕，败之。尽降克烈部众。汪罕与亦剌合挺身遁去。汪罕叹曰：『我为吾儿所误，今日之祸悔将何及！』汪罕出走，路逢乃蛮部将，遂为其所杀。亦剌哈走西夏，日剽掠以自资。既而亦为西夏所攻走，至龟兹国，龟兹国主以兵讨杀之。

帝既灭汪罕，大猎于帖麦该川，宣布号令，振凯而归。时乃蛮部长太阳罕心忌帝能，遣使谋于白达达部主阿剌忽思曰：『吾闻东方有称帝者。天无二日，民岂有二王邪？君能益吾右翼，吾将夺其弧矢也。』阿剌忽思即以是谋报帝，居无何，举部来归。

岁甲子，帝大会于帖麦该川，议伐乃蛮。群臣以方春马瘦，宜俟秋高为言。皇弟斡赤斤曰：『事所当为，断之在早，何可以马瘦为辞。』别里古台亦曰：『乃蛮欲夺我弧矢，是小我也，我辈义当同死。彼恃其国大而言夸，苟乘其不备而攻之，功当可成也。』帝悦，曰：『以此众战，何忧不胜。』遂进兵伐乃蛮。驻兵于建忒该山，先遣虎必来、哲别二人为前锋。太阳罕至自按台，营于沆海山，与蔑里乞部长脱脱、克烈部长阿怜太石、猥剌部长忽都花别吉，暨秃鲁班、塔塔儿、哈答斤、散只兀诸部合，兵势颇盛。时我队中羸马有惊入乃蛮营中者，太阳罕见之，与众谋曰：『蒙古之马瘦弱如此，今当诱其深入，然后战而擒之。』其将火力速八赤对曰：『先王战伐，勇进不回，马尾人背，不使敌人见之。今为此迁延之计，得非心中有所惧乎？苟惧之，何不令后妃来统军也。』太阳罕怒，即跃马索战。帝以哈撒儿主中军。时札木合从太阳罕来，见帝军容整肃，谓左右曰：『乃蛮初举兵，视蒙古军若羖䍽羔儿，意谓蹄皮亦不留。今吾观其气势，殆非往时矣。』遂引所部兵遁去。是日，帝与乃蛮军大战至晡，禽杀太阳罕。诸部军一时皆溃，夜走绝险，坠崖死者不可胜计。明日，余众悉降。于是朵鲁班、塔塔儿、哈答斤、散只兀四部亦来降。

已而复征蔑里乞部。其长脱脱奔太阳罕之兄卜欲鲁罕，其属带儿兀孙献女迎降，俄复叛去。帝至泰寒寨，遣孛罗欢、沈白二人领右军往平之。

岁乙丑，帝征西夏，拔力吉里寨，经落思城，大掠人民及其橐驼而还。

元年丙寅，帝大会诸王群臣，建九游白旗，即皇帝位于斡难河之源。诸王群臣共上尊号曰成吉思皇帝。是岁实金泰和之六年也。

帝既即位，遂发兵复征乃蛮。时卜欲鲁罕猎于兀鲁塔山，擒之以归。太阳罕子屈出律罕与脱脱奔也儿的石河上。

帝始议伐金。初，金杀帝宗亲咸补海罕，帝欲复仇。会金降俘等具言金主璟肆行暴虐，帝乃定议致讨，然未敢轻动也。

二年丁卯秋，再征西夏，克斡罗孩城。

是岁，遣按弹、不兀剌二人使乞力吉思。既而野牒亦纳里部、阿里替也儿部，皆遣使来献名鹰。

三年戊辰春，帝至自西夏。

夏，避暑龙庭。

冬，再征脱脱及屈出律罕。时斡亦剌部等遇我前锋，不战而降，因用为向导。至也儿的石河，讨蔑里乞部，灭之。脱脱中流矢死。屈出律奔契丹。

四年己巳春，畏吾儿国来归。帝入河西。夏主李安全遣其世子率师来战，败之，获其副元帅高令公。克兀剌海城，俘其太傅西壁氏。进至克夷门，复败夏师，获其将嵬名令公。薄中兴府，引河水灌之。堤决，水外溃，遂撤围还。遣太傅讹答入中兴，招谕夏主，夏主纳女请和。

五年庚午春，金谋来伐，筑乌沙堡。帝命遮别袭杀其众，遂略地而东。

初，帝贡岁币于金，金主使卫王允济受贡于（静）〔净〕州。帝见允济不为礼。允济归，欲请兵攻之。会金主璟殂，允济嗣位，有诏至国，传言当拜受。帝问金使曰：『新君为谁？』金使曰：『卫王也。』帝遽南面唾曰：『我谓中原皇帝是天上人做，此等庸懦亦为之耶，何以拜为！』即乘马北去。金使还言，允济益怒，欲俟帝再入贡，就进场害之。帝知之，遂与金绝，益严兵为备。

六年辛未春，帝居怯绿连河。西域哈剌鲁部主阿昔兰罕来降。畏吾儿国主亦都护来觐。

二月，帝自将南伐，败金将定薛于野狐岭，取大水泺、丰利等县。金复筑乌沙堡。

秋七月，命遮别攻乌沙堡及乌月营，拔之。

八月，帝及金师战于宣平之会河川，败之。

九月，拔德兴府，居庸关守将遁去。遮别遂入关，抵中都。

冬十月，袭金群牧监，驱其马而还。耶律阿海降，入见帝于行在所。皇子术赤、察合台、窝阔台分徇云内、东胜、武、朔等州，下之。

是冬，驻跸金之北境。刘伯林、夹谷长哥等来降。

七年壬申春正月，耶律留哥聚众于隆安，自为都元帅，遣使来附。帝破昌、桓、抚等州。金将纥石烈九斤等率兵三十万来援，帝与战于獾儿觜，大败之。

秋，围西京。金元帅左都监奥屯襄率师来援，帝遣兵诱至密谷口逆击之，尽殪。复攻西京，帝中流矢，遂撤围。

九月，察罕克奉圣州。

冬十二月甲申，遮别攻东京不拔，即引去，夜驰还，袭克之。

八年癸酉春，耶律留哥自立为辽王，改元元统。

秋七月，克宣德府，遂攻德兴府。皇子拖雷、驸马赤驹先登，拔之。帝进至怀来。及金行省完颜纲、元帅高琪战，败之，追至北口。金兵保居庸，诏可忒、薄刹守之。遂趋涿鹿。金西京留守忽沙虎遁去。帝出紫荆关，败金师于五回岭，拔涿、易二州。契丹讹鲁不儿等献北口，遮别遂取居庸，与可忒、薄刹会。

八月，金忽沙虎弑其主允济，迎丰王珣立之。

是秋，分兵三道：命皇子术赤、察合台、窝阔台为右军，循太行而南，取保、遂、安肃、安、定、邢、洺、磁、相、卫、辉、怀、孟，掠泽、潞、辽、沁、平阳、太原、吉、隰，拔汾、石、岚、忻、代、武等州而还；皇弟哈撒儿及斡陈那颜、拙赤艄、薄刹为左军，遵海而东，取蓟州、平、滦、辽西诸郡而还；帝与皇子拖雷为中军，取雄、霸、莫、安、河间、沧、景、献、深、祁、蠡、冀、恩、濮、开、滑、博、济、泰安、济南、滨、棣、益都、淄、潍、登、莱、沂等郡。复命木华黎攻密州，屠之。史天倪、萧勃迭率众来降，木华黎承制并以为万户。帝至中都，三道兵还，合屯大口。是岁，河北郡县尽拔，唯中都、通、顺、真定、清、沃、大名、东平、德、邳、海州十一城不下。

九年甲戌春三月，驻跸中都北郊。诸将请乘胜破燕，帝不从。乃遣使谕金主曰：『汝山东、河北郡县悉为我有，汝所守惟燕京耳。天既弱汝，我复迫汝于险，天其谓我何。我今还军，汝不能犒师以弭我诸将之怒耶？』金主遂遣使求和，奉卫绍王女岐国公主及金帛、童男女五百、马三千以献，仍遣其丞相完颜福兴送帝出居庸。

夏五月，金主迁汴，以完颜福兴及参政抹撚尽忠辅其太子守忠，留守中都。

六月，金乣军斫答等杀其主帅，率众来降。诏三摸合、石抹明安与斫答等围中都。帝避暑鱼儿泺。

秋七月，金太子守忠走汴。

冬十月，木华黎征辽东，高州卢琮、金（扑）〔朴〕等降。锦州张鲸杀其节度使，自立为临海王，遣使来降。

十年乙亥春正月，金右副元帅蒲察七斤以通州降，以七斤为元帅。

二月，木华黎攻北京，金元帅寅答虎、乌古伦以城降，以寅答虎为留守，吾也而权兵马都元帅镇之。兴中府元帅石天应来降，以天应为兴中府尹。

三月，金御史中丞李英等率师援中都，战于霸州，败之。

夏四月，克清、顺二州。诏张鲸总北京十提控兵从南征。鲸谋叛伏诛。鲸弟致遂据锦州，僭号汉兴皇帝，改元兴龙。

五月庚申，金中都留守完颜福兴仰药死，抹撚尽忠弃城走，明安入守之。是月，避暑桓州凉泾。遣忽都忽等籍中都帑藏。

秋七月，红罗山寨主杜秀降，以秀为锦州节度使。遣乙职里往谕金主以河北、山东未下诸城来献，及去帝号为河南王，当为罢兵。不从。诏史天倪南征，授右副都元帅，赐金虎符。

八月，天倪取平州，金经略使乞住降。木华黎遣史进道等攻广宁府，降之。

是秋，取城邑凡八百六十有二。

冬十月，金宣抚蒲鲜万奴据辽东，僭称天王，国号大真，改元天泰。

十一月，耶律留哥来朝，以其子斜阇入侍。史天祥讨兴州，擒其节度使赵守玉。

十一年丙子春，还庐朐河行宫。张致陷兴中府，木华黎讨平之。

秋，撒里知兀解三摸合拔都鲁率师由西夏趋关中，遂越潼关，获金西安军节度使尼庞古蒲鲁虎，拔汝州等郡，抵汴京而还。

冬十月，蒲鲜万奴降，以其子帖哥入侍。既而复叛，僭称东夏。

十二年丁丑夏，盗祁和尚据武平，史天祥讨平之，遂擒金将巢元帅以献。察罕破金监军夹谷于霸州，金求和，察罕乃还。

秋八月，以木华黎为太师，封国王，将蒙古、乣、汉诸军南征，拔遂城、蠡州。

冬，克大名府，遂东定益都、淄、登、莱、潍、密等州。

是岁，秃满部民叛，命钵鲁完、朵鲁伯讨平之。

十三年戊寅秋八月，兵出紫荆口，获金行元帅事张柔，命还其旧职。木华黎自西京入河东，克太原、平阳及忻、代、泽、潞、汾、霍等州。金将武仙攻满城，张柔击败之。

是年，伐西夏，围其王城，夏主李遵顼出走西凉。契丹六哥据高丽江东城，命哈真、札剌率师平之，高丽王瞰遂降，请岁贡方物。

十四年己卯春，张柔败武仙，降祁阳、曲阳、中山等城。

夏六月，西域杀使者，帝率师亲征，取讹答剌城，擒其酋哈只儿只兰秃。

秋，木华黎克岢、岚、吉、隰等州，进攻绛州，拔其城，屠之。

十五年庚辰春三月，帝克蒲华城。

夏五月，克寻思干城，驻跸也儿的石河。

秋，攻斡脱罗儿城，克之。木华黎徇地至真定，武仙出降。以史天倪为河北西路兵马都元帅、行府事，仙副之。东平严实籍彰德、大名、磁、洺、恩、博、滑、浚等州户三十万来归，木华黎承制授实金紫光禄大夫、行尚书省事。

冬，金邢州节度使武贵降。木华黎攻东平不克，留严实守之，撤围趋洺州，分兵徇河北诸郡。

是岁，授董俊龙虎卫上将军、右副都元帅。

十六年辛巳春，帝攻卜哈儿、薛迷思干等城，皇子术赤攻养吉干、八儿真等城，并下之。

夏四月，驻跸铁门关，金主遣乌古孙仲端奉国书请和，称帝为兄。不允。金东平行省事忙古弃城遁，严实入守之。

夏六月，宋（连）〔涟〕水忠义统辖石珪率众来降，以珪为济、兖、单三州总管。宋遣苟梦玉来请和。

秋，帝攻班勒纥等城，皇子术赤、察合台、窝阔台分攻玉龙杰赤等城，下之。

冬十月，皇子拖雷克马鲁察叶可、马鲁、昔剌思等城。木华黎出河西，克葭、绥德、保安、鄜、坊、丹等州，进攻延安，不下。

十一月，宋京东安抚使张琳以京东诸郡来降，以琳为沧、景、滨、棣等州行都元帅。

是岁，诏谕德顺州。

十七年壬午春，皇子拖雷克徒思、匿察兀儿等城。还经木剌夷国，大掠之。渡搠搠阑河，克也里等城。遂与帝会，合兵攻塔里寒寨，拔之。木华黎军克乾、泾、邠、原等州，攻凤翔不下。

夏，避暑塔里寒寨。西域主札阑丁出奔，与灭里可汗合，忽都忽与战不利。帝自将击之，擒灭里可汗；札阑丁遁去，遣八剌追之，不获。

秋，金复遣乌古孙仲端来请和，见帝于回鹘国。帝谓曰：『我向欲汝主授我河朔地，令汝主为河南王，彼此罢兵，汝主不从。今木华黎已尽取之，乃始来请耶？』仲端乞哀，帝曰：『念汝远来，河朔既为我有，关西数城未下者，其割付我。令汝主为河南王，勿复违也。』仲端乃归。金平阳公胡天作以青龙堡降。

冬十月，金河中府来附，以石天应为兵马都元帅守之。

十八年癸未春三月，太师国王木华黎薨。

夏，避暑八鲁弯川。皇子术赤、察合台、窝阔台及八剌之兵来会，遂定西域诸城，置达鲁花赤监治之。

冬十月，金主珣殂，子守绪立。

是岁，宋复遣苟梦玉来。

十九年甲申夏，宋大名总管彭义斌侵河北。史天倪与战于恩州，败之。

是岁，帝至东印度国，角端见，班师。

二十年乙酉春正月，还行宫。

二月，武仙以真定叛，杀史天倪。董俊判官李全亦以中山叛。

三月，史天泽击仙走之，复真定。

夏六月，彭义斌以兵应仙，天泽御于赞皇，擒斩之。

二十一年（丙戌）春正月，帝以西夏纳仇人亦腊喝翔昆及不遣质子，自将伐之。

二月，取黑水等城。

夏，避暑于浑垂山。取甘、肃等州。

秋，取西凉府搠罗、河罗等县，遂逾沙陀，至黄河九渡，取应里等县。

九月，李全执张琳，郡王带孙进兵围全于益都。

冬十一月庚申，帝攻灵州，夏遣嵬名令公来援。丙寅，帝渡河击夏师，败之。丁丑，五星聚见于西南。驻跸盐州川。

十二月，李全降。授张柔行军千户、保州等处都元帅。

是岁，皇子窝阔台及察罕之师围金南京。遣唐庆责岁币于金。

二十二年丁亥春，帝留兵攻夏王城，自率师渡河攻积石州。

二月，破临洮府。

三月，破洮、河、西宁二州。遣斡陈那颜攻信都府，拔之。

夏四月，帝次龙德，拔德顺等州，德顺节度使爱申、进士马肩龙死焉。

五月，遣唐庆等使金。

闰月，避暑六盘山。

六月，金遣完颜合周、奥屯阿虎来请和。帝谓群臣曰：『朕自去冬五星聚时，已尝许不杀掠，遽忘下诏耶。今可布告中外，令彼行人亦知朕意。』是月，夏主李睍降。帝次清水县西江。

秋七月壬午，不豫。己丑，崩于萨里川哈老徒之行宫。临崩谓左右曰：『金精兵在潼关，南据连山，北限大河，难以遽破。若假道于宋，宋、金世仇，必能许我，则下兵唐、邓，直捣大梁。金急，必征兵潼关。然以数万之众，千里赴援，人马疲弊，虽至弗能战，破之必矣。』言讫而崩，寿六十六。葬起辇谷。至元三年冬十月，追谥圣武皇帝。至大二年冬十一月庚辰，加谥法天启运圣武皇帝。庙号太祖。在位二十二年。

帝深沉有大略，用兵如神，故能灭国四十，遂平西夏。其奇勋伟迹甚众，惜乎当时史官不备，或多失于纪载云。

戊子年。是岁，皇子拖雷监国。

【译文】

太祖法天启运圣武皇帝，名铁木真，姓奇渥温氏，蒙古部人。

太祖的十世祖名叫孛端叉儿。他的母亲阿兰果火，嫁给脱奔咩哩犍，生两个儿子，长子名博寒葛答黑，次子名博合睹撒里直。既而丈夫去世，阿兰成为寡妇独自居住，晚上在帐房中睡，梦见白光从帐房的天窗中进来，变成金色的神人，来到她躺着的床边。阿兰惊醒过来，便怀孕了，生下一个儿子，就是孛端叉儿。孛端叉儿的相貌很奇怪，沉默寡言，家中人都说他笨。只有阿兰跟其他人说：『这个孩子不笨，他的后代子孙一定有大贵人。』阿兰去世，兄长们把财产分了，没有分给孛端叉儿。孛端叉儿说：『人的贫贱富贵，都是命里注定的，财产算得了什么。』独自骑着一匹青白马，到名叫八里屯阿懒的地方住了下来。得不到饮食，正好有鹰抓取野兽在吃，孛端叉儿便用绳子做成机关擒住了它，这头鹰很快便驯服了。于是便臂上架鹰猎取兔子和鸟类作为食物，有时食物缺少立即又有所获，似乎天在保佑他。这样过了几个月，有数十家百姓从统急里忽鲁的旷野追随水草迁到当地，孛端叉儿盖造简陋的房屋给他们住，进出互相帮助，因此生活还算过得去。有一天，二哥忽然想起他，说：『孛端叉儿独自出去没有带什么东西，近来会不会挨冻受饥呢？』立即前来访问，要他一起回去。半路上孛端叉儿对他的哥哥说：『统急里忽鲁的百姓没有隶属于他人，如果用武力来加以威胁，是会屈服的。』哥哥以为有道理。回家以后，立即选派强壮的战士，命令孛端叉儿带领前去，果然全都投降了。

孛端叉儿死，其子八林昔黑剌秃合必畜继承家世，生下儿子名叫咩撚笃敦。咩撚笃敦的妻子叫作莫挈伦，生下七个儿子后成为寡妇。莫拏伦的脾气刚强而急躁，当时押剌伊而部有一群孩子挖掘田间的草根作为食物，莫拏伦乘车出门，正好看见，发怒说：『这块土地是我儿子跑马的地方，这群孩子胆敢破坏吗！』赶车前去，将一群孩子碾伤，有的因此而死。押剌伊而人愤怒怨恨，将莫拏伦的马群全都赶走。莫拏伦的儿子们听到这一消息，来不及穿上铠甲，便追上去。莫拏伦私下感到忧虑说：『我的儿子不穿铠甲前去，恐怕不能战胜敌人。』便叫儿媳妇载着铠甲前去，已经来不及了。果然吃了败仗，六个儿子都战死。押剌伊而人乘胜杀死莫拏伦，把全家都杀光。只有长孙海都年纪还小，奶妈将他藏在一堆木头中，才得免于难。在此以前莫拏伦第七个儿子纳真在八剌忽的百姓家中当上门女婿，因此灾难发生时与他无关。他听说家中遭遇大祸，前来察看，只见十几位有病的老年妇女与海都还在，他不知怎么办才好。幸亏押剌伊而人驱赶马群时，纳真哥哥的黄马三次摆脱套竿逃了回来，纳真才得到马骑。于是便伪装成牧马人，前往押剌伊而人住处。路上碰到父子二人先后骑马行驰，臂上架着鹰打猎。纳真看见鹰，心中说：『这正是我哥哥常常托着的鹰。』赶上前去哄骗年少的儿子说：『有一匹红马带领一群马往东去了，你看见了吗？』少年回答说：『没有。』接着少年问：『你经过的地方有水鸟吗？』纳真说：『有。』少年说：『你能当我的向导吗？』纳真说：『可以。』于是便同行。转过一处河湾，纳真估计后面骑马人距离稍远，便将少年刺死。他将马匹与鹰用绳捆住，然后前去迎接后面的骑手，同样加以哄骗。后面的骑手问道：『前面射水鸟的是我的儿子，为什么老躺着不起来呢？』纳真回答说因为鼻子出血。骑手正发怒，纳真利用这一空子将他刺死。又向前去到一座山下，有几百匹马，放牧的只有几个孩子，正在拿动物的骨关节做游戏。纳真仔细看，也是哥哥家中的东西。用话向孩子们套问，也像先前一样。于是爬上山顶四面张望，到处静悄悄没有人影，他便将孩子们全都杀死，驱赶马群架着鹰回来，带上海都和有病的老年妇女，一起回到八剌忽地方住下。海都长大了，纳真率领八剌忽怯谷的百姓们拥立他为首领。海都当上首领后，攻打押剌伊而，使之成为自己的属民，势力逐渐壮大。他的营帐排列在八剌合黑河边，在河上造起了桥梁，便于往来。由此周围的部族前来归附的日益增多。

海都死，儿子拜姓忽儿继位。拜姓忽儿死，儿子敦必乃继位。敦必乃死，儿子葛不律寒继位。葛不律寒死，儿子八哩丹继位。八哩丹死，儿子也速该继位，并吞各部落，势力愈来愈大。也速该死，至元三年十月，追谥烈祖神元皇帝。

当初，也速该出征塔塔儿部，捉住了塔塔儿部的首领铁木真。这时正好宣懿太后月伦生下太祖，手中握着凝固的血块如同红色石头一般。也速该很奇怪，便以抓住的俘虏铁木真为之命名，用来纪念自己的军事胜利。

同族的泰赤乌部原来和也速该关系很好，后来因为塔儿不台管事，便产生了隔阂，互不往来。也速该死时，太祖年纪还小，部众大多归附泰赤乌部。侍从脱端火儿真也要叛变，太祖哭着挽留他。脱端说：『深深的池水已经干涸了，坚硬的石头已经碎裂了，留下干什么！』竟然带着众人骑马离去。太后月伦对于他看不起自己感到愤怒，亲自打着旗带着兵追上前去，将大部分企图叛变的部众追了回来。

当时太祖部下的搠只另外居住在萨里河。札木合部的秃合察儿居住在玉律哥泉，时常想要加以欺侮，终于将萨里河放牧的马群抢走。搠只指挥身边的人藏在马群中，将秃合察儿射死。札木合因此怨恨，便和泰赤乌各部共同商议，发动三万人前来打仗。太祖这时屯驻在答阑版朱思草原上，听到消息，大规模征集各部的军队，分成十三翼等待对方的到来。后来札木合的军队果然前来，太祖和他们激烈交锋，终于将对方打败。

在那个时候，各部之中只有泰赤乌土地广大人口众多，号称最强大。泰赤乌部中的照烈部，住处与太祖相接近。太祖有一次出去打猎，偶然和照烈的打猎队伍相遇。太祖对照烈说：『今天晚上可以在一起宿营吗？』照烈说：『一起宿营当然是我的愿望，但是跟从出来打猎的有四百人，因为带的食物不够，已经让一半回去了，现在将怎么办才好？』太祖坚持邀请他们一同宿营，凡是留下的，一概供应饮食。第二天一起打猎，太祖让身边的人将野兽都赶到照烈一方，照烈得到许多猎物回去。他的部众都感激太祖，私下相互说：『泰赤乌和我们虽是兄弟，却常常抢我们的车马，夺我们的饮食，没有君主的度量。有君主度量的，看来只有铁木真太子了。』照烈的首领玉律这时正遭到泰赤乌部的虐待，难以忍受，便和塔海答鲁带领部众来归，愿意以杀泰赤乌人来表示自己的诚心。太祖说：『我正在熟睡，幸亏你们使我醒过来，自今以后凡是有车辙和人行痕迹的道路，我将全部夺过来给你们。』没有多久二人不能实践自己的诺言，又叛变离去。塔海答鲁行至中途被泰赤乌部众所杀，照烈部就此灭亡了。

这时太祖的功业与德行愈来愈盛，泰赤乌各部对于他们首领的暴虐行为深感痛苦，看到太祖待人宽厚仁爱，经常拿皮衣和马匹赏赐给别人，心中都很向往。像赤老温、哲别、失力哥也不干等人，以及朵郎吉、札剌儿、忙兀诸部，都仰慕太祖的恩义，前来投降。

太祖约会各族首领薛彻别吉、大丑等，各自用牛车载着马奶和奶酪，在斡难河边举行宴会。太祖和各族首领以及薛彻别吉的母亲忽儿真面前，共同放着一皮囊马奶，而薛彻别吉的次母野别该面前，却单独放着一个皮囊。忽儿真发怒说：『现在不尊敬我，却要抬高野别该吗？』怀疑是太祖手下管理饮食的失丘儿干的事，就揍他，这样便产生了隔阂。这时太祖兄弟别里古台负责管理太祖的乞列思（乞列思，用汉语来说就是君主营帐外面系马的场所），播里管理薛彻别吉的乞列思。播里手下人偷盗马车用的革带，被别里古台抓住。播里发怒，用刀砍伤别里古台的背。手下人要打架，别里古台制止他们说：『你们要报仇吗？我伤得不重，姑且等一等再说。』手下人不听，各自拿着撞马奶的木棒大打出手，将忽儿真、火里真两位夫人抢了回来。薛彻别吉派遣使者请求和好，太祖便让两位夫人回去。恰好塔塔儿部首领蔑兀真笑里徒违背与金朝之间的盟约，金朝皇帝派丞相完颜襄带领军队将他们驱赶到北方。太祖听说此事，便派遣近处的军队从斡难河迎头痛击塔塔儿部，又通知薛彻别吉带部众前来相助。等了六天不来，太祖独自与塔塔儿部作战，杀死蔑兀真笑里徒，将他们的全部辎重都缴获了。

太祖的部下有人遭到乃蛮部人抢劫，太祖准备加以讨伐，又派六十人到薛彻别吉处去征兵。薛彻别吉因为过去的怨仇，将其中十人杀死，剥去其余五十人的衣服让他们回来。太祖发怒说：『薛彻别吉过去揍我的失丘儿，砍伤我的别里古台，现在又敢利用敌人的势力来欺侮我。』于是便统率军队越过沙漠发起进攻，杀死和俘虏了他的部众，只有薛彻别吉和大丑带着妻儿得免此难。过了几个月，太祖又发兵讨伐薛彻别吉和大丑，追到帖烈徒隘口，将他们歼灭。

克烈部的札阿绀孛前来归附。札阿绀孛是克烈部首领汪罕的弟弟。汪罕原名脱里，金朝封他为王，北方民族语音重，所以称王为汪罕。

起初，汪罕的父亲忽儿札胡思盃禄去世，汪罕嗣位，杀死不少自己的兄弟。他的叔父菊儿罕带着军队与他作战，追逼到哈剌温隘将他打败，汪罕只剩下一百多名骑兵逃脱，投奔于烈祖也速该。也速该亲自带兵将菊儿罕赶走，菊儿罕逃往西夏，也速该夺回部众还给汪罕。汪罕感恩戴德，就与也速该结盟，称为按答（按答，汉语是交换物品的朋友）。也速该死，汪罕的弟弟也力可哈剌怨恨汪罕杀人太多，又叛离了他，投向乃蛮部。乃蛮部首领亦难赤为之发兵讨伐汪罕，将他的部众都夺过来给了也可力哈剌。汪罕经过河西、回鹘、回回三国，投奔契丹。接着又叛变逃回，途中粮食没有了，挤羊奶为饮料，刺出骆驼血来吃，困乏到了极点。太祖因为汪罕与烈祖也速该之间交情很好，派遣侍从去招他。太祖亲自迎接慰劳，安置于军中，给他资助。于是在土兀剌河边聚会，太祖尊汪罕为父。

没有多久，太祖讨伐蔑里乞部，与蔑里乞部的首领脱脱在莫那察山交战，夺得他们的资财、粮食，送给汪罕。汪罕因此逐步将部众收集了起来。

又过了一些日子，汪罕以为自己势力壮大，足以有所作为，没有告诉太祖，独自领兵又去攻打蔑里乞部，对方败走，脱脱逃往八儿忽真的险要之地。汪罕大肆抢掠然后回来，没有给太祖一点东西，太祖根本不在意。

这时乃蛮部首领不欲鲁罕不服，太祖与汪罕又发兵讨伐。到黑辛八石的旷野，遇到乃蛮的前锋也的脱孛鲁他带领一百骑兵前来作战，看到太祖的军队逐渐逼近，也的脱孛鲁退到高山上据守，途中马鞍脱落掉了下来，太祖抓住了他。没有多久，太祖又与乃蛮的猛将曲薛吾、撒八剌二人相遇，正好这一天时间已晚，于是约定明日交战，各回自己的营垒。当天晚上，汪罕在营垒中到处点火，使人不怀疑他有什么动作，实际上偷偷将部众转移到其他地方。等到天亮，太祖才发现，因而怀疑他打有别的主意，也带着军队退到萨里河。接着汪罕也回到土兀剌河，汪罕的儿子亦剌合和札阿绀孛都来会合。曲薛吾等侦察到这种情况，乘其不备，在半路上加以袭击，俘虏了不少人。亦剌合逃走告诉汪罕，汪罕命令亦剌合和卜鲁忽斛一起追上前去，一面派人来说：『乃蛮不讲信义，抢掠我的百姓，太子您有四名优秀将领，能借给我洗雪这番耻辱吗？』太祖立即消除了以前的不满，派遣博尔术、木华黎、博罗浑、赤老温四人带军队前去。

军队还没有到，亦刺合已经追上曲薛吾，与他交锋，结果大败，卜鲁忽解也被俘。飞箭射中了亦刺合的马股，差一点也成了俘虏。一会儿四将来到，打败乃蛮，将他们抢掠的百姓全部夺回还给汪罕。接着太祖与兄弟哈撒儿再次讨伐乃蛮，在忽阑盏侧山交战，大败对方，将对方的将领和部众全都杀光，将尸首堆积起来封土成为冢丘。乃蛮的势力因此削弱了。

这时泰赤乌还相当强大，太祖和汪罕在萨里河会合，一起与泰赤乌首领沆忽等在斡难河边大战，将对方击败，杀死的和俘获的不可计数。

哈答斤部、散只兀部、朵鲁班部、塔塔儿部、弘吉刺部听说乃蛮、泰赤乌已战败，都感到不安，在阿雷泉相会，杀白马做牺牲立下誓言，要对太祖和汪罕发动突然袭击。弘吉刺部首领迭夷害怕此事难以成功，偷偷派人前来告密，太祖和汪罕从虎图泽出发，迎战于盃亦烈川，又将对方打得大败。

汪罕于是分兵，自己沿怯绿连河行动。札阿绀孛和按敦阿述、燕火脱儿等商议说：『我的哥哥性格做事都很古怪，他既能将我的兄弟都杀光，我们又怎么能单单活命呢？』按敦阿述将这些话泄露了，汪罕下令将燕火脱儿等抓到自己的营帐前，将燕火脱儿解绑，对他说：『我们从西夏回来，在道路上饥饿困乏，一起立有誓言，你难道忘记了吗？』便向他脸上吐唾沫。边上坐着的人也都起来向他吐唾沫。汪罕又多次责备札阿绀孛，到了无法忍受的地步。札阿绀孛与燕火脱儿等一起逃往乃蛮。

太祖在彻彻儿山驻军，发兵讨伐塔塔儿部。塔塔儿部首领阿刺兀都儿等前来迎战，将他们打得大败。

这时弘吉刺部想要前来归附，哈撒儿不知道他们的意图，前去抢劫了他们的东西。于是弘吉刺部归附了札木合，和朵鲁班、亦乞刺思、哈答斤、火鲁刺思、塔塔儿、散只兀诸部在犍河会合，共同推举札木合为局儿罕。众人在秃律别儿河岸盟誓，誓言是：『凡是我们同盟中人，如有泄露商议内容的，其下场如同河岸的崩塌，森林的砍伐。』说完誓言以后，大家一起举足蹬塌河岸，挥刀砍伐森林，驱赶士兵前来进攻。塔海哈当时在众人中间，他与太祖部下抄吾儿是亲家。抄吾儿偶然前去看他，了解到他们的密谋，赶紧回到太祖居住的地方，将这些情况报告了。太祖立即起兵，迎战于海刺儿、帖尼火鲁罕之地，打败了他们。札木合逃走，弘吉刺部前来投降。

壬戌年，太祖在兀鲁回失连真河发兵，讨伐按赤塔塔儿、察罕塔塔儿两部。出发以前誓师说：『如果打败敌人驱赶他们，见到他们丢下的东西，注意不要拾取，等战争结束后再分配。』后来果然取得胜利，太祖同族按弹、火察儿、答力台三人违背了誓师时的言语，太祖发怒，将他们俘获的东西都加以没收，在军中分配。

原来，脱脱逃往八儿忽真隘口之后，又出来骚扰，太祖带领军队将他赶走。到此时，他又与乃蛮部的不欲鲁罕会合，联合朵鲁班、塔塔儿、哈答斤、散只兀诸部一起来进攻。太祖派骑兵登高四望，知道乃蛮军队快要到了，便与汪罕一起将军队移入险要之处。汪罕的儿子亦剌合从北边过来占领高山立下阵势，乃蛮军前来冲击，阵势不动，退了回去。亦剌合接着也进入险要之处。将要交战以前，太祖将辎重转移到其他地方，和汪罕一起，背靠阿兰塞，与乃蛮军队在名叫阙奕坛的旷野上大战。乃蛮人让神巫祈祷风雪，想要利用风雪之势进攻，后来风向逆转，反过来刮向乃蛮人的兵阵。乃蛮人不能作战，想退兵。这时大雪塞满了沟涧，太祖指挥军队利用有利形势进攻，乃蛮大败。此时札木合起兵支援乃蛮，看见乃蛮已经失败，立即退还。路上遇见拥立自己的各部，大肆抢劫而去。

太祖求婚于汪罕，希望自己的长子术赤娶汪罕女儿抄儿伯姬，汪罕的孙子秃撒合想娶太祖女儿火阿真伯姬，都没有成功，由此以后颇有隔阂。起初，太祖与汪罕合兵攻乃蛮，约定明日作战。札木合对汪罕说：『我对你就像白翎雀一样，别人则像鸿雁。白翎雀无论冷热都在北方，鸿雁每逢天气寒冷就飞到南方暖和地方去了。』意思是说太祖的心是靠不住的。汪罕听了这番话果然生疑，就将部众迁移到其他地方。等到议婚不成，札木合又利用这一机会对亦剌合说：『铁木真太子虽然自己说是汪罕的儿子，实际上曾和乃蛮有来往，这对您父子是不利的。您如果对铁木真采取军事行动的话，我一定在旁边帮助您。』亦剌合相信他的话。正好答力台、火察儿、按弹等都背叛了太祖前来归附，也对亦剌合说：『我们愿意帮助您去攻打月伦的儿子们。』亦剌合非常高兴，派遣使者去告诉汪罕。汪罕说：『札木合是一个嘴上说得好听但没有信用的人，他的话不能听。』亦剌合坚持自己的意见，使者来回了好几次。汪罕说：『我之所以能生存下来，靠的是铁木真太子。我现在胡子已经白了，死后希望有一个安葬的地方，你怎么说个没有完呢？你好自为之，不要给我添麻烦就行了。』札木合于是焚烧了太祖的牧地扬长而去。

癸亥年，汪罕父子策划要谋害太祖，派遣使者来说：『以前商量的婚事，现在愿意听从您的意见，请您前来喝布浑察儿。』（布浑察儿，汉语即订婚酒）太祖以为是真的，带着十名骑兵前去。在途中产生了疑心，派一名骑兵前去表示谢意，自己回来。汪罕的阴谋不曾得逞，便商量发兵来攻。养马人乞失力听说这件事，偷偷和他的弟弟把带前来告诉太祖。太祖立即带着军队驰奔阿兰塞，将辎重全部转移到其他地方，派折里麦为前锋，等汪罕一到立即整好队伍出战。先遇到的是朱力斤部，接着是董哀部，后面是火力失烈门部，都击败了他们，最后与汪罕贴身亲兵交锋，也打败了他们。亦刺合看见形势危急，亲自前来冲阵，被箭射中脸颊，立即收兵退走。怯里亦部人离开汪罕前来投降。

汪罕战败回去，太祖也带着军队回到董哥泽屯驻。派遣阿里海前去责备汪罕说：『您过去遭到您的叔父菊儿罕驱逐，困难交加前来投奔，我父亲立即发兵攻打菊儿罕，在河西将他打败，他的土地、百姓都拿了过来给您。这是有大功于您的第一件事。您遭到乃蛮人的攻击，逃往西边太阳降落的地方。您的兄弟札阿绀孛在金朝国境，我立即派人召他回来。等他回来时，又遭到蔑里乞部的威胁，我请我的同族哥哥薛彻别吉和兄弟大丑去杀掉他们。这是有大功于您的第二件事。您为困难所迫前来投奔时，我经过哈丁里，将各部的羊、马和财产都夺了来给您，不到半个月的时间，使您饥饿的部众吃得饱饱的，瘦子都长胖了。这是有大功于您的第三件事。您不告诉我就去抢劫蔑里乞部，收获很大，回来以后，没有分给我一点点，我不计较。等到您被乃蛮人颠覆，我派四将夺回您的百姓，重立您的国家。这是有大功于您的第四件事。我征伐朵鲁班、塔塔儿、哈答斤、散只兀、弘吉剌五部，如同凶猛的海东青对付鹅雁一样，看见必有收获，有收获必定送给您。这是有大功于您的第五件事。这五件事都是有明白证据的，您对我不报恩也就罢了，现在怎么能变恩为仇，突然对我发动战争呢！』汪罕听到这些话，对亦剌合说：『我以前说的话怎么样？我的儿子你应知道。』亦剌合说：『事情已发展到今天这样，没有法子了结，只有尽力去战斗。我们打赢了就将他们并合过来。他们赢了就吞并我们，多说干什么。』

当时和太祖同族的按弹、火察儿都在汪罕身边。太祖派遣阿里海去挖苦责备汪罕时，命令阿里海告诉他们说：『过去我国没有君主，以为薛彻别吉、太丑二人是我伯祖八剌合的后代，准备立他们为主。因为二人坚决推辞，又以你火察儿是伯父聂坤之子，准备立为主，你又坚决推辞。但是此事不能这样中途而废，又以你按弹是我祖父忽都剌的儿子，想立为主，你又坚决推辞。于是你们推戴我为君主，这并非我的本来想法，是形势所逼造成的。三河是我们祖先创业的地方，不要被他人所据有。你们要好好为汪罕服务，汪罕的本性反复无常，待我尚且这样，何况是你们呢！我现在走了，我现在走了。』按弹等没有说一句话。

太祖既已派遣使者去汪罕那里，便进兵俘虏弘吉剌的别部溺儿斤，队伍行进到班朱尼河，河水正浑，太祖带着部众共饮河水立下誓言。亦乞烈部的孛徒被火鲁剌部打败，遇到太祖，双方建立同盟。太祖的兄弟哈撒儿另外居住在哈剌浑山，妻子被汪罕俘虏，自己带着小儿子脱虎逃走，粮食断绝，打寻鸟蛋充饥，前来河边相会。这时汪罕的势力强大，太祖微弱，胜败还不可知，部众颇为担心害怕。凡是一起饮过河水的，称为『饮浑水』。意思是曾经同患难。汪罕的军队前来，太祖在哈阑真沙陀与他们交战，汪罕大败。属臣按弹、火察儿、札木合等密谋杀害汪罕，没有成功，便逃往乃蛮。答力台、把怜等部前来叩头投降。

太祖将军队移到斡难河的源头，策划攻打汪罕，又派两名使者前往汪罕那里，假装传达哈撒儿的话，说：『我的哥哥铁木真太子现在不知下落，我的妻子老小又在大王您那里，即使我想走，能走到哪里去呢！大王如果能够宽恕我以前的错误，想念我过去的好处，我立即就来投奔您。』汪罕相信这番话，就派人跟着两名使者前来，用皮囊盛血准备与哈撒儿订立盟约。到了以后，太祖立即以两名使者为向导，下令兵士衔枚禁止说话，连夜赶往折折运都山，出其不意，袭击汪罕，将他打得大败。克烈部百姓都投降了。汪罕和亦剌合脱身逃走。汪罕叹气说：『我被儿子害了，今天的祸事后悔也来不及了。』汪罕逃走的路上，遇到乃蛮部的将领，被杀。亦剌合逃到西夏，靠抢劫维持生活，很快便为西夏打败逃到龟兹国，龟兹国君主动发兵讨伐，将他杀死。

太祖灭汪罕以后，在帖麦该川举行盛大的狩猎活动，发布各种命令，凯旋而归。这时乃蛮部君主太阳罕心里妒忌太祖的才能，派人去和白达达部首领阿剌忽思商量说：『我听说东方有称帝的人。天上没有两个太阳，百姓难道能有两个君主吗？您能增加我右翼的力量，我将夺过敢于称帝者的弓箭。』阿剌忽思立即将这个情况报告太祖，没有多久，他带着全部百姓前来归附。

甲子年，太祖在帖麦该川举行大聚会，商议讨伐乃蛮。许多人都认为现在是春天马正瘦，应该等待秋高气爽马长膘再出兵。皇弟斡赤斤说：『应该做的事，要早下决心，怎么能用马瘦做理由呢！』别里古台也说：『乃蛮要夺我们的弓箭，是看不起我们，我等理当共生死。他倚仗国大而吹牛，如果乘其不备发起攻势，可以成功。』太祖很高兴，说：『以这样的人去作战，还愁打不赢吗！』便出动军队讨伐乃蛮，驻军于建忒该山，先派虎必来、哲别二人为前锋。太阳罕从按台来，驻军于沆海山，和蔑里乞部首领脱脱、克烈部首领阿怜太石、猥剌部首领忽都花别吉，以及秃鲁班、塔塔儿、哈答斤、散只兀等部会合，兵势相当盛大。这时我方队伍中的瘦马因受惊跑到乃蛮营中，太阳罕看见，与大家商议说：『蒙古的马如此瘦弱，现在应该引诱他们深入，然后和他们交战将他们俘虏。』将领火力速八赤对他说：『去世了的国王作战，一往直前，不让敌人看见自己的背和马的尾巴。现在您提出这样拖延的方针，是不是心中害怕呢？如果害怕，为什么不让后妃来统领军队！』太阳罕很生气，立即拍马往前要与太祖交战。太祖让哈撒儿负责中军。这时札木合跟随太阳罕前来，看见太祖的军队整齐肃静，对身边的人说：『乃蛮刚出兵时，看待蒙古军如同羊羔，意思是说连蹄皮也留不下。现在我观察他们的气势，恐怕已不同于过去了。』就带自己部下军队逃走了。这一天，太祖与乃蛮大战直到日落，擒杀太阳罕。各部军一时都溃散，夜间在非常危险的地方奔走，从山崖掉下去死掉的不可计数。第二天，剩余下来的都投降了。于是朵鲁班、塔塔儿、哈答斤、散只兀四部也都前来投降。

接着又出征蔑里乞部，该部首领脱脱逃往太阳罕的哥哥卜欲鲁罕那里，他的部下带儿兀孙献上自己的女儿求降，很快又叛变了。太祖到泰寒寨，派孛罗欢、沈白二人带着右军前去将带儿兀孙平定了。

乙丑年，太祖出征西夏，攻克力吉里寨，经过落思城，掠取了大量百姓和骆驼回来。

元年丙寅，太祖大会诸王和群臣，树起九斿的白旗，在斡难河头登上了皇帝的位置。诸王、群臣一起尊称为成吉思皇帝。这一年正是金朝泰和六年。

太祖即帝位后，就发兵再去打乃蛮。这时卜欲鲁罕正在兀鲁塔山打猎，将他捉住带了回来。太阳罕的儿子屈出律罕和脱脱一起逃到也儿的石河边。

太祖开始谈论讨伐金朝之事。以前金朝杀害太祖同族咸补海罕，太祖想报仇。恰巧金朝投降的俘虏陈述金朝皇帝完颜璟任意施行暴虐的统治，太祖于是决定加以讨伐，但是没有敢轻举妄动。

二年丁卯的秋天，太祖再征西夏，攻克斡罗孩城。

这一年，派遣按弹、不兀剌二人出使乞力吉思。不久野牒亦纳里部、阿里替也儿部都派遣使者来贡献名贵的鹰。

三年戊辰的春天，太祖从西夏回来。

夏天，在龙庭避暑。

冬天，再次讨伐脱脱和屈出律罕。斡亦剌部等和我军前锋遭遇，没有交战就投降了，便以他们做向导。到也儿的石河，讨伐蔑里乞部，将它消灭了。脱脱被飞箭射死。屈出律罕逃往契丹。

四年己巳的春天，畏吾儿国前来归附。太祖进军河西。西夏国王李安全派长子率领军队来作战，被我军击败，副元帅高令公成了俘虏。攻克兀剌海城，俘虏西夏的太傅西壁氏。进至克夷门，又击败西夏军队，俘获其将领嵬名令公。包围中兴府，引黄河水来冲灌这座城。但是水堤决口，水往外流，只好撤围还师。太祖派遣太傅讹答进入中兴府，向西夏国王招降，西夏国王献女儿请求和好。

五年庚午的春天，金朝打算来进攻，建造乌沙堡。太祖命遮别进行突然袭击，杀死筑堡的人，接着向东掠取土地。

原来，太祖向金朝进献每年固定的贡品，金朝皇帝派卫王允济到净州接受。太祖见到允济，不行礼。允济回去，准备请求发兵讨伐。正好金朝皇帝完颜璟死了，允济嗣位，即位的诏书送到蒙古，派人传话要太祖跪拜接受。太祖问金朝使节说：『新皇帝是谁？』金使说：『是卫王。』太祖立即向南方吐了一口唾沫，说：『我以为中原的皇帝是天上的神做的，这等无用胆小之人也能做吗！拜他干什么！』便骑马往北走了。金使回来报告，允济更加恼怒，想乘太祖下一次进贡时，在边境贸易的场所加以杀害。太祖知道这一情况，便与金朝断绝关系，进一步整顿军队做好准备。

六年辛未的春天，太祖居住在怯绿连河。西域哈剌鲁部首领阿昔兰罕来投降。畏吾儿国君主亦都护前来相见。

二月，太祖亲自带兵南征，在野狐岭打败金朝将领定薛，攻取大水泺、丰利等县。金朝又建造乌沙堡。

秋七月，太祖命遮别攻乌沙堡和乌月营，占领了二地。

八月，太祖和金军在宣平的会河川交战，取得胜利。

九月，攻占德兴府，居庸关的守将逃跑。遮别接着入关，直抵中都。

冬十月，我军袭击金朝的群牧监，将群牧监管理的马匹都赶了回来。耶律阿海投降，到太祖临时屯驻的地方来谒见。皇子术赤、察合台、窝阔台分别夺取云内、东胜、武、朔等州，都占领了。

这一年冬天，太祖屯驻在金朝的北部边境。刘伯林、夹谷长哥等前来投降。

七年壬申，春正月，耶律留哥在隆安聚合人众，自称都元帅，派遣使者前来归附。太祖攻破昌、桓、抚等州。金朝将领纥石烈九斤等带领三十万军队前来援救，太祖与他们在獾儿觜交战，金兵大败。

秋天，包围西京。金朝元帅左都监奥屯襄率领军队前来援救，太祖派兵把金军引诱到密谷口，在那里迎击他们，全部加以消灭。再攻西京，太祖为飞箭所伤。便撤围而去。

九月，察罕攻克奉圣州。

冬十二月甲申，遮别攻东京，不下，立即退去。夜间驰还，突然袭击，占领了东京。

八年癸酉的春天，耶律留哥自封为辽王，改元元统。

秋七月，攻占宣德府，接着攻德兴府，皇子拖雷、驸马赤驹先登城，攻克了它。太祖前进到怀来，和金朝行省完颜纲、元帅高琪交战，金军败，追到居庸关北口。金兵占据居庸关自保，太祖命可忒、薄刹守在北口前，自己前往涿鹿。金朝西京留守忽沙虎逃走。太祖出紫荆关，在五回岭击败金军，攻占涿、易二州。契丹讹鲁不儿献北口，遮别于是占领居庸关，与可忒、薄刹会师。

八月，金朝忽沙虎杀害他的君主完颜允济，迎接丰王珣立为皇帝。

这一年秋天，太祖分兵三路。命皇子术赤、察合台、窝阔台为右军，沿着太行山往南，攻取保、遂、安肃、安、定、邢、洺、磁、相、卫、辉、怀、孟，抢掠了泽、潞、辽、沁、平阳、太原、吉、隰，占领汾、石、岚、忻、代、武等地，然后回军。皇弟哈撒儿和斡陈那颜、拙赤解、薄刹为左军，沿海向东去，攻取蓟州、平、滦、辽西等地然后回军。太祖与皇子拖雷为中军，攻取雄、霸、莫、安、河间、沧、景、献、深、祁、蠡、冀、恩、濮、开、滑、博、济、泰安、济南、滨、棣、益都、淄、潍、登、莱、沂等地。又命木华黎攻密州，城下后进行大屠杀，史天倪、萧勃迭率领队伍来降，木华黎以皇帝的名义授他们以万户之职。太祖到中都，三路军都回来会合在一起，屯驻在大口。

这一年，河北郡县都被蒙古军攻克，坚守不下的只有中都、通、顺、真定、清、沃、大名、东平、德、邳、海州十一城。

九年甲戌，春三月，太祖屯驻在中都的北郊。将领们请求乘胜攻破燕京，太祖没有同意。于是派遣使节告知金朝皇帝说：『你的山东、河北郡县都已被我占有，你剩下的只有燕京城。天既然已使你衰弱，我又逼迫你走上绝路，天将说我什么！我的军队现在要回去，你难道不能来犒劳我的军队，借此消除我手下将领的愤怒吗！』金帝于是遣使求和，献上卫绍王的女儿岐国公主，以及金帛、五百名童男女、三千匹马，还派丞相完颜福兴送太祖出居庸关。

夏五月，金帝迁都于汴，命完颜福兴和参政抹撚尽忠辅助太子守忠，留守中都。

六月，金朝乣军的斫答等杀死统帅，率领队伍前来投降。太祖命三摸合、石抹明安和斫答等包围中都。太祖自己在鱼儿泺避暑。

秋七月，金朝太子守忠逃往汴京。

冬十月，木华黎征辽东，高州卢琮、金朴等投降。锦州张鲸杀死节度使，自号临海王，派遣使者前来投降。

十年乙亥春正月，守通州的金右副元帅蒲察七斤投降，授七斤以元帅之职。

二月，木华黎攻北京，金军元帅寅答虎、乌古伦开城投降。使以寅答虎为留守，吾也而代理兵马都元帅，镇守该地。兴中府元帅石天应来降，以天应为兴中府尹。

三月，金朝御史中丞李英等率领军队前来援救中都，在霸州发生战斗，金军失败。

夏四月，攻克清、顺二州。太祖命张鲸统率北京十提控的军队跟随南征，张鲸谋反处死。他的兄弟张致便占据锦州，自称汉兴皇帝，改元兴龙。

五月庚申，金朝中都留守完颜福兴服毒自杀，抹撚尽忠丢下中都城逃走，石抹明安便进入中都镇守。这一月，太祖在桓州凉泾避暑，派忽都忽等前往中都查收金朝国库的收藏物品。

秋七月，红罗山寨主杜秀投降，授杜秀以锦州节度使之职。太祖派遣使者前去通知金朝皇帝，要他献出河北、山东没有被攻下的各城，去掉帝号改称河南王，这样的话可以停战。金帝不同意。太祖下令命史天倪向南进军，授以右副都元帅之职，赐给他金虎符。

八月，史天倪攻取平州，金朝经略使乞住投降。木华黎派遣史进道等攻广宁府，守城者投降。

这一年秋天，攻取的城市共八百六十二处。

冬十月，金朝宣抚蒲鲜万奴占据辽东自称天王，国号大真，改元天泰。

十一月，耶律留哥来朝觐，留下他的儿子斜阇充当太祖的侍从。史天祥讨伐兴州，俘获兴州节度使赵守玉。

十一年丙子的春天，太祖回到庐朐河边的行宫。张致攻陷兴中府，木华黎将他消灭。

秋天，撒里知兀解、三摸合拔都鲁带领军队由西夏前往关中，越过潼关，俘获金朝西安军节度使尼庞古蒲鲁虎，攻克汝州等地，抵达汴京然后还师。

冬十月，蒲鲜万奴投降，送他的儿子帖哥入朝充当侍从。不久又叛，自称东夏。

十二年丁丑的夏天，强盗祁和尚占据武平，史天祥平定了这起叛乱，并擒获金朝将领巢元帅献给太祖。察罕在霸州击败金朝监军夹谷，金方求和，察罕才回军。

秋八月，太祖授木华黎以太师之职，封他为国王，统领蒙古、乣、汉各路军马南征。木华黎攻克遂城、蠡州。

冬天，攻克大名府，接着向东攻取了益都、淄、登、莱、潍、密等州。

这一年，秃满部百姓叛乱，派钵鲁完、朵鲁伯前去平定。

十三年戊寅，秋八月，军队出紫荆口，俘获金朝行元帅事张柔，命他继续保持原来的职务。木华黎从西京进入河东，攻克太原、平阳以及忻、代、泽、潞、汾、霍等州。金朝将领武仙向满城进攻，张柔将他打败。

这一年，讨伐西夏，包围西夏的王城。西夏国王李遵顼逃往西凉。契丹人六哥占据高丽江东城，太祖命哈真、札剌带军队将他消灭，高丽王瞰于是投降，请求每年进贡本地特产。

十四年己卯的春天，张柔击败武仙，祁阳、曲阳、中山等城投降。

夏六月，西域杀害使者，太祖带领军队亲自出征，攻克讹答剌城，活捉城中首脑哈只儿只兰秃。

秋天，木华黎攻克岢、岚、吉、隰等州，又向绛州进攻，占领以后将城中百姓全部屠杀。

十五年庚辰，春三月，太祖攻克蒲华城。

夏五月，攻克寻思干城，太祖的营帐屯驻在也儿的石河。

秋天，攻克斡脱罗儿城。木华黎攻取土地，来到真定，武仙投降。木华黎便以史天倪为河北西路兵马都元帅，管理真定府的事务，以武仙做他的副手。东平严实带着彰德、大名、磁、洺、恩、博、滑、浚等三十万户前来投降，木华黎以太祖的名义授予严实金紫光禄大夫、行尚书省事。

冬天，金朝邢州节度使武贵投降。木华黎攻打东平城，未能攻下，便留下严实看守，撤出围城军队前往洺州，分兵攻取河北诸郡。

这一年，授予董俊龙虎卫上将军、右副都元帅之职。

十六年辛巳，春天，太祖进攻卜哈儿、薛迷思干等城，皇子术赤进攻养吉干、八儿真等城，都占领了。

夏季四月，太祖屯驻在铁门关，金朝皇帝派遣乌古孙仲端带着国书来请求和好，称太祖为兄，不许。金东平行省事忙古丢掉城池逃跑，严实入城镇守。宋朝派遣苟梦玉前来请求和好。

六月，宋朝涟水忠义统辖石珪率领部众投降，以石珪为济、兖、单三州总管。

秋天，太祖进攻班勒纥等城，皇子术赤、察合台、窝阔台分兵攻打玉龙杰赤等城，都占领了。

冬季十月，皇子拖雷攻克马鲁察叶可、马鲁、昔刺思等城。木华黎出河西，攻克葭、绥德、保安、鄜、坊、丹等州，进攻延安，未能占领。

十一月，宋朝京东安抚使张琳以京东诸郡前来投降，授予张琳沧、景、滨、棣等州行都元帅之职。

这一年，太祖下诏告谕德顺州。

十七年壬午，春天，皇子拖雷攻克徒思、匿察兀儿等城。还军途中经过木剌夷国，进行大规模掳掠。渡过搠搠阑河，攻克也里等城。随即与太祖相会，合兵攻打塔里寒寨，攻下了。木华黎的军队连克乾、泾、邠原等州，进攻凤翔，没有成功。

夏天，太祖在塔里寒寨避暑。西域君主札阑丁出逃，与灭里可汗会合，忽都忽与他们交战，失败。太祖自己带兵进攻，捉住灭里可汗，札阑丁逃走。太祖派八剌追捕，没有抓住。

秋天，金朝又派乌古孙仲端前来请和，在回鹘国觐见太祖。太祖对他说：『我过去要你的君主将河朔地区都给我，让你的君主当河南王，彼此罢兵停战，你的君主不肯。现在木华黎已经夺取了全部河朔地区，你这时才来请求不太晚了吗？』仲端苦苦哀求，太祖说：『念你远来不易，河朔既然都已为我所有，关西还有几座没有攻下的城，都割付给我，这样可以让你的君主当河南王。不要再违背我的意思。』仲端于是回去。金朝平阳公胡天作以青龙堡来降。

冬季十月，金朝河中府归附，授石天应为兵马都元帅镇守该地。

十八年癸未，春三月，太师国王木华黎去世。

夏天，在八鲁弯川避暑。皇子术赤、察合台、窝阔台和八剌的军队都来会合，随即平定西域各处城市，设置达鲁花赤进行监督治理。

冬季十月，金朝皇帝完颜珣死，其子完颜守绪嗣位。

这一年，宋朝又派苟梦玉前来。

十九年甲申的夏天，宋朝大名总管彭义斌侵犯河北，史天倪与他在恩州交战，打败了他。

这一年，太祖到东印度国，角端出现，于是班师。

二十年乙酉，春正月，回到行宫。

二月，武仙在真定叛变，杀死史天倪。董俊手下的判官李全也在中山叛变。

三月，史天泽向武仙发起攻击，武仙逃走，收复真定。

夏季六月，彭义斌以军队响应武仙，史天泽在赞皇防御，将他捉住杀死。

二十一年丙戌，春正月，太祖因为西夏收留仇人亦腊喝翔昆以及不送质子，亲自带领军队去讨伐。

二月，攻取黑水等城。

夏天，在浑垂山避暑。攻取甘、肃等州。

秋天，攻取西凉府搠罗、河罗等县，于是越过沙漠，到黄河九渡，攻取应里等县。

九月，李全捉住张琳，带孙郡王指挥军队将李全围困于益都。

冬季十一月庚申，太祖攻灵州，西夏派嵬名令公前来援救。丙寅，太祖渡过黄河攻击西夏军，取得胜利。丁丑，五星相聚，出现在西南，太祖屯驻在盐州川。

十二月，李全投降。授予张柔行军千户、保州等处都元帅之职。

这一年，皇子窝阔台和察罕的军队包围金南京，派遣唐庆前往金朝责问为什么不交纳每年的钱币。

二十二年丁亥，春天，太祖留下一部分部队攻打西夏王城，自己带领军队渡过黄河攻打积石州。

二月，破临洮府。

三月，破洮、河、西宁三州。派遣斡陈那颜攻打信都府，占领了。

夏季四月，太祖到龙德，攻取德顺等州，德顺节度使爱申、进士马肩龙战死。

五月，派唐庆等出使金朝。

闰五月，太祖在六盘山避暑。

六月，金朝派遣完颜合周、奥屯阿虎前来请求和好。太祖对群臣说：『我在去年冬天五星聚会时，已经许愿不再杀掠，急促中忘记下诏书了。现在可以向中外发布告示，让他们的使者也了解我的意思。』这个月，夏国王李晛投降。太祖到清水县西江。

秋季七月壬午，太祖身体不适。己丑，在萨里川哈老徒的行宫去世。临死前对身边的人说：『金朝精锐部队都在潼关，南边有连绵的山脉可以据守，北边有广阔的黄河为界，很难迅速攻破。如果向宋朝借路，宋金是世代的仇敌，一定能答应我们的要求，于是我军攻占唐、邓，直捣金朝都城汴梁。金朝着急，必然从潼关征调军队。然而他们数万军队，从千里外前来援救，人马疲乏，即使到了也不能打仗，我们一定能取得胜利。』说完就死了，年六十六岁。葬于起辇谷。至元三年冬十月，追谥圣武皇帝。至大二年冬十一月庚辰，加谥法天启运圣武皇帝。庙号太祖，在位二十二年。

太祖为人深沉，有伟大的志向，用兵如神，所以能灭四十国，并且平定西夏。他的奇勋伟迹很多，可惜的是当时没有设置史官，可能不少事迹没有记载下来。

戊子年。这一年，由皇子拖雷监守国政。

刘秉忠列传第四十四

刘秉忠，字仲晦，初名侃，因从释氏，又名子聪，拜官后始更今名。其先瑞州人也，世仕辽，为官族。曾大父仕金，为邢州节度副使，因家焉，故自大父泽而下，遂为邢人。庚辰岁，木华黎取邢州，立都元帅府，以其父润为都统。事定，改署州录事，历巨鹿、内丘两县提领，所至皆有惠爱。

秉忠生而风骨秀异，志气英爽不羁。八岁入学，日诵数百言。年十三，为质子于帅府。十七，为刑台节度使府令史，以养其亲。居常郁郁不乐，一日投笔叹曰：『吾家累世衣冠，乃汨没为刀笔吏乎！丈夫不遇于世，当隐居以求志耳。』即弃去，隐武安山中。久之，天宁虚照禅师遣徒招致为僧，以其能文词，使掌书记。后游云中，留居南堂寺。

世祖在潜邸，海云禅师被召，过云中，闻其博学多材艺，邀与俱行。既入见，应对称旨，屡承顾问。秉忠于书无所不读，尤邃于《易》及邵氏《经世书》，至于天文、地理、律历、三式六壬遁甲之属，无不精通。论天下事如指诸掌。世祖大爱之，海云南还，秉忠遂留藩邸。后数岁，奔父丧，赐金百两为葬具，仍遣使送至邢州。服除，复被召，奉旨还和林。上书数千百言，其略曰：

典章、礼乐、法度、三纲五常之教，备于尧、舜，三王因之，五霸败之。汉兴以来，至于五代，一千三百余年，由此道者，汉文、景、光武，唐太宗、玄宗五君，而玄宗不无疵也。然治乱之道，系乎天而由乎人。天生成吉思皇帝，起一旅，降诸国，不数年而取天下。勤劳忧苦，遗大宝于子孙，庶传万祀，永保无疆之福。

愚闻之曰『以马上取天下，不可以马上治』。昔武王，兄也；周公，弟也。周公思天下善事，夜以继日，每得一事，坐以待旦，以匡周室，以保周天下八百余年，周公之力也。君上，兄也；大王，弟也。思周公之故事而行之，在乎今日。千载一时，不可失也。

君之所任，在内莫大乎相，相以领百官，化万民；在外莫大乎将，将以统三军，安四域。内外相济，国之急务，必先之也。然天下之大，非一人之可及；万事之细，非一心之可察。当择开国功臣之子孙，分为京府州郡监守，督责旧官，以遵王法；仍差按察官守，治者升，否者黜。天下不劳力而定也。

天下户过百万，自忽都那演断事之后，差徭甚大，加以军马调发，使臣烦扰，官吏乞取，民不能当，是以逃窜。宜比旧减半，或三分去一，就见在之民以定差税，招逃者复业，再行定夺。官无定次，清洁者无以迁，污滥者无以降。可比附古例，定百官爵禄仪仗，使家足身贵。有犯于民，设条定罪。威福者君之权，奉命者臣之职。今百官自行威福，进退生杀惟意之从，宜从禁治。

天下之民未闻教化，见在囚人宜从赦免，明施教令，使之知畏，则犯者自少也。教令既设，则不宜繁，因大朝旧例，增益民间所宜设者十数条足矣。教令既施，罪不至死者皆提察然后决，犯死刑者覆奏然后听断，不致刑及无辜。

天子以天下为家，兆民为子，国不足，取于民，民不足，取于国，相须如鱼水。有国家者，置府库，设仓廪，亦为助民；民有身者，营产业，辟田野，亦为资国用也。今宜打算官民所欠债负，若实为应当差发所借，宜依合罕皇帝圣旨，一本一利，官司归还。凡陪偿无名，虚契所负，及还过元本者，并行赦免。

纳粮就远仓，有一废十者，宜从近仓以输为便。当驿路州城，饮食祗待偏重，宜计所费以准差发。关市津梁正税十五分取一，宜从旧制。禁横取，减税法，以利百姓。仓库加耗甚重，宜令权量度均为一法，使锱铢圭撮尺寸皆平，以存信去诈。珍贝金银之所出，淘沙炼石，实不易为。一旦以缠丝缕，饰皮革，涂木石，妆器仗，取一时之华丽，废为尘而无济，甚可惜也。宜从禁治。除帝胄功臣大官以下章服有制外，无职之人不得僭越。今地广民微，赋敛繁重，民不聊生，何力耕耨以厚产业？宜差劝农官一员，率天下百姓务农桑，营产业，实国之大益。

古者庠序学校未尝废，今郡县虽有学，并非官置。宜从旧制，修建三学，设教授，开选择才，以经义为上，词赋论策次之，兼科举之设，已奉合罕皇帝圣旨，因而言之，易行也。开设学校，宜择开国功臣子孙受教，选达才任用之。

天下莫大于朝省，亲民莫近于县宰。虽朝省有法，县宰宜择，县宰正，民自安矣。关西、河南地广土沃，以军马之所出入，治而未丰。宜设官招抚，不数年民归土辟，以资军马之用，实国之大事。移剌中丞拘榷盐铁诸产、商贾酒醋货殖诸事，以定宣课，虽使从实恢办，不足亦取于民，拖兑不办，已不为轻。奥鲁合蛮奏请于旧额加倍榷之，往往科取民间。科榷并行，民无所措手足。宜从旧例办榷，更或减轻，罢繁碎，止科征，无从献利之徒削民害国。鳏寡孤独废疾者，宜设孤老院，给衣粮以为养。使臣到州郡，宜设馆，不得于官衙民家安下。

孔子为百王师，立万世法，今庙堂虽废，存者尚多，宜令州郡祭祀，释奠如旧仪。近代礼乐器具靡散，宜令刷会，征太常旧人教引后学，使器备人存，渐以修之，实太平之基，王道之本。今天下广远，虽成吉思皇帝威福之致，亦天地神明阴所祐也。宜访名儒，循旧礼，尊祭上下神祇，和天地之气，顺时序之行，使神享民依，德极于幽明，天下赖一人之庆。

见行辽历，日月交食颇差，闻司天台改成新历，未见施行。宜因新君即位，颁历改元。令京府州郡置更漏，使民知时。国灭史存，古之常道，宜撰修《金史》，令一代君臣事业不坠于后世，甚有励也。

国家广大如天，万中取一，以养天下名士宿儒之无营运产业者，使不致困穷。或有营运产业者，会前圣旨，种养应输差税，其余大小杂泛并行蠲免，使自给养，实国家养才励人之大也。明君用人，如大匠用材，随其巨细长短，以施规矩绳墨。孔子曰：『君子不可小知而可大受，小人不可大受而可小知。』盖君子所存者大，不能尽小人之事，或有一短；小人所拘者狭，不能同君子之量，或有一长。尽其才而用之，成功之道也。

君子不以言废人，不以人废言，大开言路，所以成天下、安兆民也。天地之大，日月之明，而或有所蔽。且蔽天之明者，云雾也；蔽人之明者，私欲佞说也。常人有之，蔽一心也；人君有之，蔽天下也。常选左右谏臣，使讽谕于未形，忖画于至密也。君子之心，一于理义，怀于忠良；小人之心，一于利欲，怀于谗佞。君子得位，有容于小人；小人得势，必排于君子。明君在上，不可不辨也。孔子曰『远佞人』，又曰『恶利口之覆邦家者』，此之谓也。

今言利者众，非图以利国害民，实欲残民而自利也。宜将国中人民必用场冶，付各路课税所，以定榷办，其余言利者并行罢去。古者明王不宝远物，所宝惟贤，如使贤者在位，能者在职，此皆一人之睿知，贤王之辅成也。古者治世均民产业，自废井田为阡陌，后世因之不能复。今穷乏者益损，富盛者增加。宜禁行利之人勿恃官势，居在位者勿侵民利，商贾与民和好交易，不生擅夺欺罔之害，真国家之利也。

笞箠之制，宜会古酌今，均为一法，使无敢过越。禁私置牢狱，淫民无辜，鞭背之刑宜禁治，以彰爱生之德。立朝省以统百官，分有司以御众事，以至京府州郡亲民之职无不备，纪纲正于上，法度行于下，是故天下不劳而治也。今新君即位之后，可立朝省，以为政本。其余百官，不在员多，惟在得人焉耳。

世祖嘉纳焉。又言：『邢州旧万余户，兵兴以来不满数百，凋坏日甚，得良牧守如真定张耕、洺水刘肃者治之，犹可完复。』朝廷即以耕为邢州安抚使，肃为副使。由是流民复业，升邢为顺德府。

癸丑，从世祖征大理。明年，征云南。每赞以天地之好生，王者之神武不杀，故克城之日，不妄戮一人。己未，从伐宋，复以云南所言力赞于上，所至全活不可胜计。

中统元年，世祖即位，问以治天下之大经、养民之良法，秉忠采祖宗旧典，参以古制之宜于今者，条列以闻。于是下诏建元纪岁，立中书省、宣抚司。朝廷旧臣、山林遗逸之士，咸见录用，文物粲然一新。

秉忠虽居左右，而犹不改旧服，时人称之为聪书记。至元元年，翰林学士承旨王鹗奏言：『秉忠久侍藩邸，积有岁年，参帷幄之密谋，定社稷之大计，忠勤劳绩，宜被褒崇。圣明御极，万物惟新，而秉忠犹仍其野服散号，深所未安，宜正其衣冠，崇以显秩。』帝览奏，即日拜光禄大夫，位太保，参（预）〔领〕中书省事。诏以翰林侍读学士窦默之女妻之，赐第奉先坊，且以少府宫籍监户给之。秉忠既受命，以天下为己任，事无巨细，凡有关于国家大体者，知无不言，言无不听，帝宠任愈隆。燕闲顾问，辄推荐人物可备器使者，凡所甄拔，后悉为名臣。

初，帝命秉忠相地于桓州东滦水北，建城郭于龙冈，三年而毕，名曰开平。继升为上都，而以燕为中都。四年，又命秉忠筑中都城，始建宗庙宫室。八年，奏建国号曰大元，而以中都为大都。他如颁章服，举朝仪，给俸禄，定官制，皆自秉忠发之，为一代成宪。

十一年，扈从至上都，其地有南屏山，尝筑精舍居之。秋八月，秉忠无疾端坐而卒，年五十九。帝闻惊悼，谓群臣曰：「秉忠事朕三十余年，小心慎密，不避艰险，言无隐情，其阴阳术数之精，占事知来，若合符契，惟朕知之，他人莫得闻也。」出内府钱具棺敛，遣礼部侍郎赵秉温护其丧还葬大都。十二年，赠太傅，封赵国公，谥文贞。成宗时，赠太师，谥文正。仁宗时，又进封常山王。

秉忠自幼好学，至老不衰，虽位极人臣，而斋居蔬食，终日澹然，不异平昔。自号藏春散人。每以吟咏自适，其诗萧散闲淡，类其为人。有文集十卷。无子，以弟秉恕子兰璋后。

【译文】

刘秉忠，字仲晦，原名侃。他一度做和尚，法名子聪，做官后才改用今名。他的祖先是瑞州人，世代在辽朝做官，是一个做官的家族。曾祖父在金朝做官，曾任邢州节度副使，就在当地落户，因而从祖父刘泽开始，便成了邢州人。庚辰年，木华黎攻取邢州，建立都元帅府，用刘秉忠的父亲刘润任都统之职。局面稳定后，改任州录事，调任巨鹿、内丘两县的提领，所到之处都做过令人难忘的好事。

刘秉忠生下来品格就与众不同，志气英爽，不受拘束。八岁进入学校读书，每天能背诵几百字。十三岁时在都元帅府当质子。十七岁在邢台节度使府充当令史，以所得供养父母。平时他经常闷闷不乐，有一天，他扔掉笔感叹说：「我家世世代代都是做官的，我难道就甘心充当刀笔吏吗？大丈夫如果不能在世上显姓扬名，就应该过隐居生活以求心里的安宁。」立即抛弃了职务，隐居在武安山中。过了很久，天宁寺的虚照禅师差遣徒弟，招他去寺中剃发为僧。因为刘秉忠有较好的文字修养，便让他负责这方面的工作。后来他游历到云中，留下来住在南堂寺。

世祖皇帝还是藩王的时候，海云禅师被召到漠北王府，经过云中，听说刘秉忠博学多才，便邀请他一起去。觐见忽必烈时，回答问题忽必烈感到满意，屡次向他征询意见。秉忠对于世上的各种书无所不读，对《易》和邵雍的《经世书》所下功夫最深，天文、地理、律历以及三式六壬遁甲等学问，没有不精通的。议论天下事了如指掌，世祖非常喜欢他。海云回去，秉忠被留在藩王府中。过了几年，父亲死了，回家奔丧，世祖赐给他金百两作为置办丧具之用，还派使者送他到邢州。守丧期满以后，又受忽必烈的召唤，回到和林。他向忽必烈上书，长达数千字，大致是说：

典章、礼乐、法度、三纲五常的教导，在尧、舜时完备，三王继承了下来，五霸却加以破坏。从汉朝建国起，到五代为止，共一千三百多年，遵循这些道理的，有汉文帝、汉景帝、汉光武帝、唐太宗和唐玄宗五个皇帝，但唐玄宗不是没有毛病的。然而治乱的道理，既取决于上天又与人的作为有关。上天降生成吉思汗皇帝，建立一支军队，征服各国，没有几年便取得天下。既勤劳又苦苦思索，将皇帝宝位传给子孙，希望千代万代没有终止地永远流传下去。

我听说：『在马上得天下的，不能在马上进行治理。』过去武王是兄，周公是弟。周公考虑与天下有关的好事，不但白天想，晚上还接着想。想到一件，便坐着等到天明，以此来辅助周王，确保周朝统治达八百余年，这是周公的贡献。现在皇帝是兄，大王您是弟。想想周公的故事，现在加以推行，是千载一时的良机，不可失去。

作为一国君主所依靠的，在内最重要的是宰相，宰相统领百官，教化众多百姓；在外则以大将最重要，大将统率三军，安定四方。内外互相配合，是国家最紧急的事情，必须放在优先的地位。然而天下太大，不是一人所能顾及；各种事务很细，不是一人用心便能弄清楚。应该选择开国功臣的子孙，分派他们担任京、府、州、郡各级机构的监守，督责旧官员遵守国家的法律，再派他们去视察地方官员的表现，好的升官，差的降级。这样一来，天下不用费力就会安定了。

天下百姓的总户数已超过一百万，自从忽都那演处置以后，赋税徭役很重，再加上征调军马，来往使臣骚扰，官吏勒索敲诈，百姓负担不起，所以便走上逃亡的道路。应比过去的赋役减免一半，或者去掉三分之一，以现有的户数来规定赋税，设法招回流亡者，让他们回到土地上，以后再做决定。官员没有一定的标准，清廉的不能升迁，贪污的不能降职。应该对照古代的例子，规定百官的爵位俸禄和仪仗，使他们的家庭得到满足，本人地位尊贵。对于官吏侵犯百姓利益的行为，应规定治罪的条例。作威作福是君主的权力，执行命令是臣下的职责。现在百官都自行作威作福，提拔、降职、活命、处死都以官员们的意志来决定，这必须严格禁止。

天下的老百姓没有好好进行过教育，对现有的囚犯应加以赦免，同时明白宣布各种命令法规，使百姓知道害怕，犯罪的人就少了。设立的命令法规不宜太烦琐，根据本朝的旧例，再增加民间迫切需要设置的十余条就足够了。进行过教育，颁布了法令，不够死罪的经过提审然后定案，犯死罪的要再次上奏然后等待决定，这样使无辜的人不致受到刑罚。

皇帝以天下为家，以亿万百姓为子。国家经费不足，取之于民；百姓不足，则向国家索取，国家和百姓互相需要，是一种鱼水关系。管理国家的人，设置府库和仓廪，是为了帮助百姓；百姓经营产业，开辟土地，也对国家的经费有益。现在应该统计官府和百姓所欠下的债务，如果真是为了承担赋税借的高利贷，应依照窝阔台皇帝圣旨，一本一利，由官府来归还。凡是没有正式名目的赔偿，假契欠款，以及还债已经超过所借本钱的，都加赦免不再交。

百姓到远处仓库去交纳税粮，有的费用是粮额的十倍。应该让他们到近处的仓库去交，这对他们是很大的方便。对于在驿站道路上的州城来说，驿站所需饮食是沉重的负担，应将这项费用从赋税中扣除。关卡、市场、渡口、桥梁征收正税十五分取一，应该遵循过去的规定。禁止敲诈勒索，简化征税的法令，使百姓得到好处。仓库中规定的损耗比例很重，应该统一度量衡制度，使度量衡器具公平准确，这样可以得到百姓的信任，防止欺诈的行为。珍珠、宝贝、金银要淘沙或炼矿才能得到，实在不容易。现在用来作为丝绸、皮革、木石、器仗的装饰品，暂时显得很华丽，但转眼废为尘土，毫无用处，实在可惜。应加禁止。除了皇族、功臣、大官及其以下的官员的服饰各有一定制度，没有官职的人不许超出规定的范围。现在土地广大，人口稀少，赋税繁重，民不聊生，哪里还有力量从事耕种来增加自己的产业，应该选派一名劝农官，率领天下百姓从事农耕，种植桑树，经营产业，这对国家大有好处。

古代地方官办学校从没有废止过。现在各地虽有学校，但不是政府设立的。应按照过去的制度，修建三学，设立教授从事教学。开设科举来选拔人才，考试时以经义为主，辞赋、策论次之。过去窝阔台皇帝的圣旨中已讲过要设科举，以此为据是容易推行的。开设学校以后，应择取开国功臣的子孙们来上学接受教育，挑选明智通理的人才负责这方面的工作。

普天下的官府衙门没有比朝廷内的中书省更大的，最接近百姓的则是县的长官。尽管朝廷内的中书省已有法度，亦应选好县的长官，县的长官办事公正，百姓自己就安心了。关西、河南地区广大，土地肥沃，因为是军队行动经常经过的地方，虽经治理而社会经济仍未达到丰足的地步。应该设置专门的官职，负责招抚流亡的百姓，用不了几年流亡者回来，土地得到开垦，这是有助于军队活动的经费，实在是国家的大事。移剌中丞对盐铁、商税、酒醋等实行专卖，以此来确定税额，虽然说是按实际情况办理，事实上不足部分要百姓交补，经常拖欠，已是不轻。奥鲁合蛮又上奏请求在原额基础之上，加上一倍，继续实行专卖，这样一来往往在民间作为赋税征科。一面实行专卖，一方面又作为赋税名目征科，二者并行，百姓不知怎样才好。应该按照过去的办法实行专卖，最好适当减轻，罢去烦琐细碎的规定，停止征科赋税之法，不要听信献利之徒的话，他们的所作所为都是剥削百姓损害国家的利益。对于鳏、寡、孤、独和残疾人，应设立孤老院，发给衣服、口粮，养活他们。朝廷的使臣到地方州郡，应设专门的馆舍加以安置，不许住在官府衙门以及百姓家中。

孔子是历代帝王师，他建立了千秋万代必须遵守的制度。现在孔庙虽然废坏不少，但存在的还有许多。应该下令地方州郡加以祭祀，按照传统的礼仪举行释奠仪式。近代礼乐器具大量散失，应该下令收集，征募过去金朝太常属下的礼乐人员，让他们教授学生，乐器完备，人员保存，逐渐加以修整，这实际上是天下太平的基础，王道的根本。现在国家土地广大遥远，虽说是成吉思汗的威福造成，也是天地和神祇保佑的结果。应该访求有名的儒生，遵照传统的礼仪，尊敬祭祀上下的神祇，这样一来，天地之间的气和谐，季节顺序的运行适宜，神祇享受祭品，百姓都会依附，恩德天地之间无所不到，普天下的百姓都依赖于一人的善心。

现在通行的辽代历法，对日月亏蚀的算度很不准确，听说司天台已经改修新的历法，但没有看见施行。应乘新皇帝即位的机会，颁布新历，同时改元。下令京师和地方的府、州、郡都设置更漏，使百姓知道准确的时间。国家虽灭，史书长存，这是自古以来公认的道理，应该撰修《金史》，使金朝一代君臣事业不至于为后世所遗忘，这是很有劝勉作用的。

国家的面积有如天一样广大，取万分之一，来供养天下那些不会做买卖而又没有财产的名士和老成博学的儒生，使他们不致陷于穷困之中。对于那些经营买卖和有财产的名士、儒生，按照以前的圣旨，种地要交纳差税，其余各种杂泛全部免除，使他们能够自己供养自己，这实在是国家培养和鼓励人才的大事。英明的君主用人，就如同杰出的工匠使用材料一样，根据其粗细、长短的不同，加以规划安排。孔子说：『君主不一定有具体的知识而可担当重任，小人不能担当重任却可以有具体的知识。』因为君子所考虑的是大事，不能都了解小人关心的事，或者可以说是一种缺点；小人受眼界狭小的限制，也许有一点长处，但不能同君子的度量相比。尽可能发挥人们的才能，这是成功之道。

君子不以某个人的言语而否定这个人，也不因某个人的表现而否定他所说的话。广泛征求各种意见，才能使天下巩固、亿万百姓安定。天地如此之大，日月这样的光亮，都可能有被蒙蔽之处。云雾遮盖天的光亮，个人的私欲和邪说使人糊涂。普通人受蒙蔽，不过使自己思想不清楚；君主受蒙蔽，对天下都有影响。经常选择身边的谏臣，使他们在事情未定以前提出意见，这样可以考虑得非常周密。君子的思想感情是以理义为根本的，必然为忠良之事；小人的思想感情是以个人利欲为根本的，必然为恶意中伤他人的邪事。君子得到高位，可以容纳小人，小人得势，一定排挤君子。贤明的君主在上，不可不注意分辨。孔子说『疏远阿谀奉承的人』，又说『讨厌能说会道因而颠覆国家的人』，就是这个意思。

现在讲究财利的人很多，不是想损害百姓使国家得到利益，实际上是要残害百姓使自己得到好处。应将国内百姓必须用的冶炼金属的场所，交付各路课税所管理，规定专卖的办法。其余讲究财利的人统统罢免。古代贤明的君主不以远方的物品为宝，看重的只有德才兼备的人，如果能安排德才兼备的人在他应有的位置上，使有能力的担任应有的职务，这都是皇帝的聪明才智所致，也是大王您辅佐的功劳。古代太平盛世百姓的财产平均，自从废除井田立田界，后代再也不能恢复到原来的样子。现在穷困贫乏的百姓愈来愈穷，富裕光盛的人财产不断增多。应该禁止谋利的人倚仗官府的势力，在职官员不许侵夺百姓的利益，商人与百姓要和平友好地进行买卖，不能随便夺取或进行欺骗，如果能这样做对国家大有好处。

鞭打的刑罚，应根据古代的制度斟酌现在的情况，定出统一的法规，使执行者不敢任意超过标准。禁止私设牢狱，随意囚禁无辜的百姓。应禁止使用鞭背之刑，用以表现爱惜生命的美德。建立中书省来统领百官，分设有关部门来处理各种事务，首都到地方州郡直接管理百姓的官职无不齐备，上面有正确的法律制度，下面照着办，这样不用费心国家就能得到治理了。现在新皇帝即位之后，可以建立中书省，以为施政的根本。其余百官，不在于人多少，只是要选择得当就行了。

世祖很高兴地接受了他的意见。秉忠又说：『邢州原来有一万多户，自从发生战争以后只剩下数百户，损失一天比一天厉害。如果有优良的地方长官像真定张耕、洺水刘肃这样的人去治理，还有可能恢复元气。』朝廷立即派张耕为邢州安抚使，刘肃为副使，于是逃亡的百姓回来从事生产，将邢州升级为顺德府。

癸丑年，跟随世祖出征大理。明年，征讨云南。经常劝告世祖说喜爱生命是天地的恩惠，君临天下的人威武而不随便杀人，因此攻克城池的时候，不滥杀一个人。己未年，跟随世祖讨伐南宋，又以在云南说的话劝告世祖，所到之处保全生命难以计数。

中统元年，世祖登上帝位，向秉忠询问治理天下的主要原则和抚养百姓的好办法，秉忠选择蒙古原有的典章制度，以及中原古代制度中适用于当前的部分，一一列举献上。于是世祖下令建元纪岁，建立中书省，宣抚司等机构。原来朝廷的官员以及隐居于山林的读书人，都得到录用，礼乐典章制度的面貌焕然一新。

秉忠虽在世祖身边，仍然不改旧日的服装，当时人称之为聪书记。至元元年，翰林学士承旨王鹗上奏说：『秉忠在藩王府时代就追随皇帝，时间很久，参与密室之中的商议，制定国家的根本大计，他的忠心和贡献，应该得到表扬和尊敬。皇帝即位，所有事物都面目一新，而秉忠仍然穿着旧日的服装使用闲散的名号，令人难以心安。应该让他穿上正式的服装，给予显赫的待遇以示尊重。』世祖看到这件奏书，马上授秉忠以光禄大夫的品秩以及太保的职位，并要他参领中书省事。又下诏将翰林侍读学士窦默的女儿许配给秉忠为妻，赐给他位于有奉先坊的府第，还赐给少府监的官奴隶。秉忠接受任命以后，以天下事为己任，只要与国家大局有关的事，不管大小，知无不言，他的话世祖没有不听的，对他的宠任愈来愈深。平时世祖询问事务，就推荐可以胜任各种工作的人才，凡是看中加以提拔的人，后来都成为名臣。

起初，世祖命秉忠在桓州以东、滦水以北观察地形，选中龙冈建立城市。三年完成，取名开平。后来升为上都，而以燕京为中都。至元四年，又命秉忠建筑中都城，开始建造宗庙和宫殿。至元八年，秉忠上奏，建国号为大元，并将中都改名大都。其他如颁布各种等级的官服，建立朝廷典礼的仪式，发给官吏俸禄，制定设立官员的制度，都是秉忠倡导的，成为元朝一代的法规。

至元十一年，跟随世祖到上都，当地有南屏山，秉忠曾在那里建造精美的房屋供居住之用。这一年秋八月，秉忠无病端端正正坐着便去世了，活了五十九岁。世祖听到消息感到震惊和悲哀，对大臣们说：『秉忠为我服务三十多年，小心谨慎，遇到困难危险从不躲避，对我说话从不隐瞒什么。他精通阴阳术数之学，占卜预测将要发生的事情，就像符契相合一样，这只有我了解，其他人是不知道的。』下令用皇宫仓库的钱为秉忠置办丧事，派礼部侍郎赵秉温护送他的棺木回到大都安葬。至元十二年，赠太傅，封赵国公，谥文贞。成宗时，赠太师，谥文正。仁宗时，又进封常山王。

秉忠从小就喜欢读书，到老仍然保持着这一习惯。虽然官位最高，仍然住平常的房子吃素，过淡泊的生活，和过去没有区别。自号藏春散人。经常吟诗作为消遣，他的诗闲散平淡，和本人思想作风相近。著有文集十卷。无子，以兄弟刘秉恕之子兰璋为继承人。

明史

本纪第一

太祖一

太祖开天行道肇纪立极大圣至神仁文义武俊德成功高皇帝，讳元璋，字国瑞，姓朱氏。先世家沛，徙句容，再徙泗州。父世珍，始徙濠州之钟离。生四子，太祖其季也。母陈氏。方娠，梦神授药一丸，置掌中有光，吞之寤，口余香气。及产，红光满室。自是，夜数有光起。邻里望见，惊以为火，辄奔救，至则无有。比长，姿貌雄杰，奇骨贯顶。志意廓然，人莫能测。

至正四年，旱蝗，大饥疫。太祖时年十七，父母兄相继殁，贫不克葬。里人刘继祖与之地，乃克葬，即凤阳陵也。太祖孤无所依，乃入皇觉寺为僧。逾月，游食合肥。道病，二紫衣人与俱，护视甚至。病已，失所在。凡历光、固、汝、颍诸州三年，复还寺。当是时，元政不纲，盗贼四起。刘福通奉韩山童假宋后起颍，徐寿辉僭帝号起蕲，李二、彭大、赵均用起徐，众各数万，并置将帅，杀吏，侵略郡县，而方国珍已先起海上。他盗拥兵据地，寇掠甚众。天下大乱。

十二年春二月，定远人郭子兴与其党孙德崖等起兵濠州。元将彻里不花惮不敢攻，而日俘良民以邀赏。太祖时年二十五，谋避兵，卜于神，去留皆不吉。乃曰：『得毋当举大事乎？』卜之吉，大喜，遂以闰三月甲戌朔入濠见子兴。子兴奇其状貌，留为亲兵。战辄胜。遂妻以所抚马公女，即高皇后也。子兴与德崖龃龉，太祖屡调护之。秋九月，元兵复徐州，李二走死，彭大、赵均用奔濠，德崖等纳之。子兴礼大而易均用，均用怨之。德崖遂与谋，伺子兴出，执而械诸孙氏，将杀之。太祖方在淮北，闻难驰至，诉于彭大。大怒，呼兵以行，太祖亦甲而拥盾，发屋出子兴，破械，使人负以归，遂免。是冬，元将贾鲁围濠。太祖与子兴力拒之。

十三年春，贾鲁死，围解。太祖收里中兵得七百人。子兴喜，署为镇抚。时彭、赵所部暴横，子兴弱，太祖度无足与共事，乃以兵属他将，独与徐达、汤和、费聚等南略定远。计降驴牌寨民兵三千，与俱东。夜袭元将张知院于横涧山，收其卒二万。道遇定远人李善长，与语大悦，遂与俱攻滁州，下之。

是年，张士诚据高邮，自称诚王。

十四年冬十月，元丞相脱脱大败士诚于高邮，分兵围六合。太祖曰：『六合破，滁且不免。』与耿再成军瓦梁垒，救之。力战，卫老弱还滁。元兵寻大至，攻滁，太祖设伏诱败之。然度元兵势盛且再至，乃还所获马，遣父老具牛酒谢元将曰：『守城备他盗耳，奈何舍巨寇戮良民。』元兵引去，城赖以完。脱脱既破士诚，军声大振，会中谗，遽解兵柄，江、淮乱益炽。

十五年春正月，子兴用太祖计，遣张天祐等拔和州，檄太祖总其军。太祖虑诸将不相下，秘其檄，期旦日会厅事。时席尚右，诸将先入，皆踞右，太祖故后至就左。比视事，剖决如流，众瞠目不能发一语，始稍稍屈。议分工甓城，期三日。太祖工竣，诸将皆后。于是始出檄，南面坐曰：『奉命总诸公兵，今甓城皆后期，如军法何。』诸将皆惶恐谢。乃搜军中所掠妇女纵还家，民大悦。元兵十万攻和，拒守三月，食且尽，而太子秃坚、枢密副使绊住马、民兵元帅陈野先分屯新塘、高望、鸡笼山以绝饷道。太祖率众破之，元兵皆走渡江。三月，郭子兴卒。时刘福通迎立韩山童子林儿于亳，国号宋，建元龙凤。檄子兴子天叙为都元帅，张天祐、太祖为左右副元帅。太祖慨然曰：『大丈夫宁能受制于人耶。』遂不受。然念林儿势盛可倚藉，乃用其年号以令军中。

夏四月，常遇春来归。五月，太祖谋渡江，无舟。会巢湖帅廖永安、俞通海以水军千艘来附，太祖大喜，往抚其众。而元中丞蛮子海牙扼铜城闸、马场河诸隘，巢湖舟师不得出。忽大雨，太祖喜曰：『天助我也。』遂乘水涨从小港纵舟还，因击海牙于峪溪口，大败之，遂定计渡江。诸将请直趋集庆。太祖曰：『取集庆必自采石始。采石重镇，守必固，牛渚前临大江，彼难为备，可必克也。』六月乙卯，乘风引帆，直达牛渚。常遇春先登，拔之。采石兵亦溃。缘江诸垒悉附。

诸将以和州饥，争取资粮谋归。太祖谓徐达曰：『渡江幸捷，若舍而归，江东非吾有也。』乃悉断舟缆，放急流中，谓诸将曰：『太平甚近，当与公等取之。』遂乘胜拔太平，执万户纳哈出。总管靳义赴水死，太祖曰『义士也』，礼葬之。揭榜禁剽掠。有卒违令，斩以徇，军中肃然。改路曰府。置太平兴国翼元帅府，自领元帅事，召陶安参幕府事，李习为知府。时太平四面皆元兵。右丞阿鲁灰、中丞蛮子海牙等严师截姑孰口，陈野先水军帅康茂才以数万众攻城。太祖遣徐达、邓愈、汤和逆战，别将潜出其后，夹击之，擒野先并降其众，阿鲁灰等引去。

秋九月，郭天叙、张天祐攻集庆，野先叛，二人皆战死，于是子兴部将尽归太祖矣。野先寻为民兵所杀，从子兆先收其众，屯方山，与海牙掎角以窥太平。

冬十二月壬子，释纳哈出北归。

十六年春二月丙子，大破海牙于采石。三月癸未，进攻集庆，擒兆先，降其众三万六千人，皆疑惧不自保。太祖择骁健者五百人入卫，解甲酣寝达旦，众心始安。庚寅，再败元兵于蒋山。元御史大夫福寿力战死之，蛮子海牙遁归张士诚，康茂才降。太祖入城，悉召官吏父老谕之曰：『元政渎扰，干戈蜂起，我来为民除乱耳，其各安堵如故。贤士吾礼用之，旧政不便者除之，吏毋贪暴殃吾民。』民乃大喜过望。改集庆路为应天府，辟夏煜、孙炎、杨宪等十余人，葬御史大夫福寿以旌其忠。

当是时，元将定定扼镇江，别不华、杨仲英屯宁国，青衣军张明鉴据扬州，八思尔不花驻徽州，石抹宜孙守处州，其弟厚孙守婺州，宋伯颜不花守衢州，而池州已为徐寿辉将所据，张士诚自淮东陷平江，转掠浙西。太祖既定集庆，虑士诚、寿辉强，江左、浙右诸郡为所并，于是遣徐达攻镇江，拔之，定定战死。

夏六月，邓愈克广德。

秋七月己卯，诸将奉太祖为吴国公。置江南行中书省，自总省事，置僚佐。贻书张士诚，士诚不报，引兵攻镇江。徐达败之，进围常州，不下。九月戊寅，如镇江，谒孔子庙。遣儒士告谕父老，劝农桑，寻还应天。

十七年春二月，耿炳文克长兴。三月，徐达克常州。

夏四月丁卯，自将攻宁国，取之，别不华降。五月，上元、宁国、句容献瑞麦。六月，赵继祖克江阴。

秋七月，徐达克常熟。胡大海克徽州，八思尔不花遁。

冬十月，常遇春克池州，缪大亨克扬州，张明鉴降。十二月己丑，释囚。

是年，徐寿辉将明玉珍据重庆路。

十八年春二月乙亥，以康茂才为营田使。三月己酉，录囚。邓愈克建德路。

夏四月，徐寿辉将陈友谅遣赵普胜陷池州。是月，友谅据龙兴路。五月，刘福通破汴梁，迎韩林儿都之。初，福通遣将分道四出，破山东，寇秦、晋，掠幽、蓟，中原大乱，太祖故得次第略定江表。所过不杀，收召才隽，由是人心日附。

冬十二月，胡大海攻婺州，久不下，太祖自将往击之。石抹宜孙遣将率车师由松溪来援，太祖曰：『道陿，车战适取败耳。』命胡德济迎战于梅花门，大破之，婺州降，执厚孙。先一日，城中人望见城西五色云如车盖，以为异，及是乃知为太祖驻兵地。入城，发粟振贫民，改州为宁越府。辟范祖干、叶仪、许元等十三人，分直讲经史。戊子，遣使招谕方国珍。

十九年春正月乙巳，太祖谋取浙东未下诸路。戒诸将曰：『克城以武，戡乱以仁。吾比入集庆，秋毫无犯，故一举而定。每闻诸将得一城不妄杀，辄喜不自胜。夫师行如火，不戢将燎原。为将能以不杀为武，岂惟国家之利，子孙实受其福。』庚申，胡大海克诸暨。是月，命宁越知府王宗显立郡学。三月甲午，赦大逆以下。丁巳，方国珍以温、台、庆元来献，遣其子关为质，不受。

夏四月，俞通海等复池州。时耿炳文守长兴，吴良守江阴，汤和守常州，皆数败士诚兵。太祖以故久留宁越，徇浙东。

六月壬戌，还应天。

秋八月，元察罕帖木儿复汴梁，福通以林儿退保安丰。九月，常遇春克衢州，擒宋伯颜不花。

冬十月，遣夏煜授方国珍行省平章，国珍以疾辞。十一月壬寅，胡大海克处州，石抹宜孙遁。时元守兵单弱，且闻中原乱，人心离散，以故江左、浙右诸郡，兵至皆下，遂西与友谅邻。

二十年春二月，元福建行省参政袁天禄以福宁降。三月戊子，征刘基、宋濂、章溢、叶琛至。

夏五月，徐达、常遇春败陈友谅于池州。闰月丙辰，友谅陷太平，守将朱文逊，院判花云、王鼎，知府许瑗死之。未几，友谅弑其主徐寿辉，自称皇帝，国号汉，尽有江西、湖广地。约士诚合攻应天，应天大震。诸将议先复太平以牵之，太祖曰："不可。彼居上游，舟师十倍于我，猝难复也。"或请自将迎击，太祖曰："不可。彼以偏师缀我，而全军趋金陵，顺流半日可达，吾步骑急难引还，百里趋战，兵法所忌，非策也。"乃驰谕胡大海捣信州牵其后，而令康茂才以书给友谅，令速来。友谅果引兵东。于是常遇春伏石灰山，徐达阵南门外，杨璟屯大胜港，张德胜等以舟师出龙江关，太祖亲督军卢龙山。乙丑，友谅至龙湾，众欲战，太祖曰："天且雨，趣食，乘雨击之。"须臾，果大雨，士卒竞奋，雨止合战，水陆夹击，大破之。友谅乘别舸走。遂复太平，下安庆，而大海亦克信州。初，太祖令茂才给友谅，李善长以为疑。太祖曰："二寇合，吾首尾受敌，惟速其来而先破之，则士诚胆落矣。"已而士诚兵竟不出。丁卯，置儒学提举司，以宋濂为提举，遣子标受经学。六月，耿再成败石抹宜孙于庆元，宜孙战死，遣使祭之。

秋九月，徐寿辉旧将欧普祥以袁州降。

冬十二月，复遣夏煜以书谕国珍。

二十一年春二月甲申，立盐茶课。己亥，置宝源局。三月丁丑，改枢密院为大都督府。元将薛显以泗州降。戊寅，国珍遣使来谢，饰金玉马鞍以献。却之曰："今有事四方，所需者人材，所用者粟帛，宝玩非所好也。"

秋七月，友谅将张定边陷安庆。八月，遣使于元平章察罕帖木儿。时察罕平山东，降田丰，军声大振，故太祖与通好。会察罕方攻益都未下，太祖乃自将舟师征陈友谅。戊戌，克安庆，友谅将丁普郎、傅友德迎降。壬寅，次湖口，追败友谅于江州，克其城，友谅奔武昌。分徇南康、建昌、饶、蕲、黄、广济皆下。

冬十一月己未，克抚州。

二十二年春正月，友谅江西行省丞相胡廷瑞以龙兴降。乙卯，如龙兴，改为洪都府。谒孔子庙。告谕父老，除陈氏苛政，罢诸军需，存恤贫无告者，民大悦。袁、瑞、临江、吉安相继下。二月，还应天。邓愈留守洪都。癸未，降人蒋英杀金华守将胡大海，郎中王恺死之，英叛降张士诚。处州降人李祐之闻变，亦杀行枢密院判耿再成反，都事孙炎、知府王道同、元帅朱文刚死之。三月癸亥，降人祝宗、康泰反，陷洪都，邓愈走应天，知府叶琛、都事万思诚死之。是月，明玉珍称帝于重庆，国号夏。

夏四月己卯，邵荣复处州。甲午，徐达复洪都。五月丙午，朱文正、赵德胜、邓愈镇洪都。六月戊寅，察罕以书来报，留我使人不遣。察罕寻为田丰所杀。

秋七月丙辰，平章邵荣、参政赵继祖谋逆，伏诛。

冬十二月，元遣尚书张昶航海至庆元，授太祖江西行省平章政事，不受。察罕子扩廓帖木儿致书归使者。

二十三年春正月丙寅，遣汪河报之。二月壬申，命将士屯田积谷。是月，友谅将张定边陷饶州。士诚将吕珍破安丰，杀刘福通。三月辛丑，太祖自将救安丰，珍败走，以韩林儿归滁州，乃还应天。

夏四月壬戌，友谅大举兵围洪都。乙丑，诸全守将谢再兴叛，附于士诚。五月，筑礼贤馆。友谅分兵陷吉安，参政刘齐、知府朱叔华死之。陷临江，同知赵天麟死之。陷无为州，知州董曾死之。

秋七月癸酉，太祖自将救洪都。癸未，次湖口，先伏兵泾江口及南湖觜，遏友谅归路，檄信州兵守武阳渡。友谅闻太祖至，解围，逆战于鄱阳湖。友谅兵号六十万，联巨舟为阵，楼橹高十余丈，绵亘数十里，旌旗戈盾，望之如山。丁亥，遇于康郎山，太祖分军十一队以御之。戊子，合战，徐达击其前锋，俞通海以火炮焚其舟数十，杀伤略相当。友谅骁将张定边直犯太祖舟，舟胶于沙，不得退，危甚。常遇春从旁射中定边，通海复来援，舟骤进水涌，太祖舟乃得脱。己丑，友谅悉巨舰出战，诸将舟小，仰攻不利，有怖色。太祖亲麾之，不前，斩退缩者十余人，人皆殊死战。会日晡，大风起东北，乃命敢死士操七舟，实火药芦苇中，纵火焚友谅舟。风烈火炽，烟焰涨天，湖水尽赤。友谅兵大乱，诸将鼓噪乘之，斩首二千余级，焚溺死者无算，友谅气夺。辛卯，复战，友谅复大败。于是敛舟自守，不敢更战。壬辰，太祖移军扼左蠡，友谅亦退保渚矶。相持三日，其左、右二金吾将军皆降。友谅势益蹙，忿甚，尽杀所获将士。而太祖则悉还所俘，伤者傅以善药，且祭其亲戚诸将阵亡者。八月壬戌，友谅食尽，趋南湖觜，为南湖军所遏，遂突湖口。太祖邀之，顺流搏战，及于泾江。泾江军复遮击之，友谅中流矢死。张定边以其子理奔武昌。

九月，还应天，论功行赏。先是，太祖救安丰，刘基谏不听。至是谓基曰：「我不当有安丰之行，使友谅乘虚直捣应天，大事去矣。乃顿兵南昌，不亡何待。友谅亡，天下不难定也。」壬午，自将征陈理。是月，张士诚自称吴王。

冬十月壬寅，围武昌，分徇湖北诸路，皆下。十二月丙申，还应天，常遇春留督诸军。

二十四年春正月丙寅朔，李善长等率群臣劝进，不允。固请，乃即吴王位。建百官。以善长为右相国，徐达为左相国，常遇春、俞通海为平章政事，谕之曰：「立国之初，当先正纪纲。元氏暗弱，威福下移，驯至于乱，今宜鉴之。」立子标为世子。二月乙未，复自将征武昌，陈理降，汉、沔、荆、岳皆下。三月乙丑，还应天。丁卯，置起居注。庚午，罢诸翼元帅府，置十七卫亲军指挥使司，命中书省辟文武人材。

夏四月，建祠，祀死事丁普郎等于康郎山，赵德胜等于南昌。

秋七月丁丑，徐达克庐州。戊寅，常遇春徇江西。八月戊戌，复吉安，遂围赣州。达徇荆、湘诸路。九月甲申，下江陵，夷陵、潭、归皆降。

冬十二月庚寅，达克辰州，遣别将下衡州。

二十五年春正月己巳，徐达下宝庆，湖湘平。常遇春克赣州，熊天瑞降。遂趋南安，招谕岭南诸路，下韶州、南雄。甲申，如南昌，执大都督朱文正以归，数其罪，安置桐城。二月己丑，福建行省平章陈友定侵处州，参军胡深击败之，遂下浦城。丙午，士诚将李伯升攻诸全之新城，李文忠大败之。

夏四月庚寅，常遇春徇襄、汉诸路。五月乙亥，克安陆。己卯，下襄阳。六月壬子，朱亮祖、胡深攻建宁，战于城下，深被执，死之。

秋七月，令从渡江士卒被创废疾者养之，死者赡其妻子。九月丙辰，建国子学。

冬十月戊戌，下令讨张士诚。是时，士诚所据，南至绍兴，北有通、秦、高邮、淮安、濠、泗，又北至于济宁。乃命徐达、常遇春等先规取淮东。闰月，围泰州，克之。十一月，张士诚寇宜兴，徐达击败之，遂自宜兴还攻高邮。

二十六年春正月癸未，士诚窥江阴，太祖自将救之，士诚遁，康茂才追败之于浮子门。太祖还应天。二月，明玉珍死，子升自立。三月丙申，令中书严选举。徐达克高邮。

夏四月乙卯，袭破士诚将徐义水军于淮安，义遁，梅思祖以城降。濠、徐、宿三州相继下，淮东平。甲子，如濠州省墓，置守冢二十家，赐故人汪文、刘英粟帛。置酒召父老饮极欢，曰：『吾去乡十有余年，艰难百战，乃得归省坟墓，与父老子弟复相见。今苦不得久留欢聚为乐。父老幸教子弟孝弟力田，毋远贾，滨淮郡县尚苦寇掠，父老善自爱。』令有司除租赋，皆顿首谢。辛未，徐达克安丰，分兵败扩廓于徐州。夏五月壬午，至自濠。庚寅，求遗书。

秋八月庚戌，改筑应天城，作新宫钟山之阳。辛亥，命徐达为大将军，常遇春为副将军，帅师二十万讨张士诚。御戟门誓师曰：『城下之日，毋杀掠，毋毁庐舍，毋发丘垄。士诚母葬平江城外，毋侵毁。』既而召问达、遇春，用兵当何先。遇春欲直捣平江。太祖曰：『湖州张天骐、杭州潘原明为士诚臂指，平江穷蹙，两人悉力赴援，难以取胜。不若先攻湖州，使疲于奔命，羽翼既披，平江势孤，立破矣。』甲戌，败张天骐于湖州，士诚亲率兵来援，复败之于皂林。九月乙未，李文忠攻杭州。

冬十月壬子，遇春败士诚兵于乌镇。十一月甲申，张天骐降。辛卯，李文忠下余杭，潘原明降，旁郡悉下。癸卯，围平江。十二月，韩林儿卒。以明年为吴元年，建庙社宫室，祭告山川。所司进宫殿图，命去雕琢奇丽者。

是岁，元扩廓帖木儿与李思齐、张良弼构怨，屡相攻击，朝命不行，中原民益困。

二十七年春正月戊戌，谕中书省曰：『东南久罹兵革，民生凋敝，吾甚悯之。且太平、应天诸郡，吾渡江开创地，供亿烦劳久矣。今比户空虚，有司急催科，重困吾民，将何以堪。其赐太平田租二年，应天、镇江、宁国、广德各一年。』

二月丁未，傅友德败扩廓将李二于徐州，执之。三月丁丑，始设文武科取士。

夏四月，方国珍阴遣人通扩廓及陈友定，移书责之。五月己亥，初置翰林院。是月，以旱减膳素食，复徐、宿、濠、泗、寿、邳、东海、安东、襄阳、安陆及新附地田租三年。六月戊辰，大雨，群臣请复膳。太祖曰：『虽雨，伤禾已多，其赐民今年田租。』癸酉，命朝贺罢女乐。

秋七月丙子，给府州县官之任费，赐绮帛及其父母妻长子有差，著为令。己丑，雷震宫门兽吻，赦罪囚。庚寅，遣使责方国珍贡粮。八月癸丑，圜丘、方丘、社稷坛成。九月甲戌，太庙成。朱亮祖帅师讨国珍。戊寅，诏曰：『先王之政，罪不及孥。自今除大逆不道，毋连坐。』辛巳，徐达克平江，执士诚，吴地平。戊戌，遣使致书于元主，送其宗室神保大王等北还。辛丑，论平吴功，封李善长宣国公，徐达信国公，常遇春鄂国公，将士赐赉有差。朱亮祖克台州。癸卯，新宫成。

冬十月甲辰，遣起居注吴琳、魏观以币求遗贤于四方。丙午，令百官礼仪尚左。改李善长左相国，徐达右相国。辛亥，祀元臣余阙于安庆，李黼于江州。壬子，置御史台。癸丑，汤和为征南将军，吴祯副之，讨国珍。甲寅，定律令。戊午，正郊社、太庙雅乐。

庚申，召诸将议北征。太祖曰：『山东则王宣反侧，河南则扩廓跋扈，关、陇则李思齐、张思道枭张猜忌，元祚将亡，中原涂炭。今将北伐，拯生民于水火，何以决胜？』遇春对曰：『以我百战之师，敌彼久逸之卒，直捣元都，破竹之势也。』太祖曰：『元建国百年，守备必固，悬军深入，馈饷不前，援兵四集，危道也。吾欲先取山东，撤彼屏蔽，移兵两河，破其籓篱，拔潼关而守之，扼其户槛。天下形胜入我掌握，然后进兵，元都势孤援绝，不战自克。鼓行而西，云中、九原、关、陇可席卷也。』诸将皆曰『善』。

甲子，徐达为征虏大将军，常遇春为副将军，帅师二十五万，由淮入河，北取中原。胡廷瑞为征南将军，何文辉为副将军，取福建。湖广行省平章杨璟、左丞周德兴、参政张彬取广西。己巳，朱亮祖克温州。十一月辛巳，汤和克庆元，方国珍遁入海。壬午，徐达克沂州，斩王宣。己丑，廖永忠为征南副将军，自海道会和讨国珍。乙未，颁《大统历》。辛丑，徐达克益都。十二月甲辰，颁律令。丁未，方国珍降，浙东平。张兴祖下东平，兖东州县相继降。己酉，徐达下济南。胡廷瑞下邵武。癸丑，李善长帅百官劝进，表三上，乃许。甲子，告于上帝。庚午，汤和、廖永忠由海道克福州。

【译文】

太祖开天行道肇纪立极大圣至神仁文义武俊德成功高皇帝，名元璋，字国瑞，姓朱。先辈家在沛，迁到句容，再迁到泗州。父亲朱世珍，开始迁居到濠州的钟离。生了四个儿子，太祖是排行第三的。母亲陈氏。正妊娠的时候，梦见有神给了她一粒药丸，放在手中有光亮，吞了它，醒来口里还有香气。临产时，满屋有红光。从此，晚上经常有光升起。邻居看见，害怕以为是失火，总是跑去救，到那里则什么都没有。长大后，一副英雄豪杰的相貌姿态，有块特别的骨头横贯在头顶上。志向远大，别人很难测度到。

至正四年，旱灾蝗灾，大规模的饥荒和瘟疫。当时太祖十七岁，父母兄长接连死去，因为贫穷无力安葬。同里的人刘继祖给了他一块地，才能安葬，这块地就是后来的凤阳陵。

太祖孑身一人无所依靠，便入了皇觉寺当和尚。过了一个月，游食到合肥。路上病了，有两个穿紫色衣服的人和他在一起，看护照顾得他很周到。病好了，两个人不知道到哪里去了。三年来经过了光州、固州、汝州、颍州等地，再回皇觉寺。当时，元朝政治腐败，盗贼四起。刘福通事奉韩山童假称是宋朝的后代在颍州起事，徐寿辉僭称帝号在蕲州起事，李二、彭大、赵均用在徐州起事，各拥有部众几万人，设置将帅，杀官吏，侵犯占领郡县，而方国珍已经先在海上起事了。还有其他的盗贼拥有武装占据地盘，侵犯抢掠的人很多，天下大乱。

至正十二年春二月，定远人郭子兴和他的党羽孙德崖等在濠州起兵。元朝将领彻里不花害怕，不敢攻打他们，每天只是俘虏百姓去邀赏赐。太祖当时二十五岁，想躲避兵灾，在神像前占卜，出去和留下来都不吉利，便说：『难道是应该发动大事吗？』占卜得吉，很高兴，于是在闰三月甲戌初一到濠州见郭子兴。郭子兴看他相貌非凡，留他当了亲兵。太祖打仗总是胜利。于是郭子兴把自己抚养大的马公的女儿嫁给了他，就是后来的高皇后。郭子兴和孙德崖有矛盾，太祖屡次调解保护郭子兴。

秋九月，元兵收复徐州，李二逃跑死了，彭大、赵均用跑到濠州，孙德崖等接纳了他。郭子兴礼待彭大而轻视赵均用，赵均用怨恨他。孙德崖便和赵均用合谋，趁郭子兴外出，抓了他，上了刑具押到孙氏那里，准备把他杀了。太祖当时正在淮北，听说郭子兴遇难，飞马赶到，告诉了彭大。彭大很生气，带着兵去，太祖亦穿上甲胄拿着盾牌，撞开屋子，救出郭子兴，打破刑具，让人背了他回去，郭子兴得以免遭杀害。这年冬天，元将贾鲁包围了濠州。太祖和郭子兴极力抗拒他。

至正十三年春天，贾鲁死了，元兵对濠州的包围也解除了。太祖收集了濠州里面的兵，得七百人。郭子兴很高兴，让他代理镇抚。当时彭大、赵均用所率领的部队粗暴蛮横，郭子兴太软弱，太祖考虑和他们共事意义不大，于是把兵委托给其他将领，自己单独与徐达、汤和、费聚等向南攻取定远。用计降服了驴牌寨民兵三千人，和他们一同向东去。在横涧山夜袭元将张知院，收了他的兵卒二万人。路上遇到定远人李善长，和他谈得非常融洽，于是和他一起攻下了滁州。

这一年，张士诚占据了高邮，自称诚王。

至正十四年冬十月，元朝丞相脱脱在高邮把张士诚打得大败，分兵包围了六合。太祖说：『六合被攻破，滁州也不能避免。』和耿再成驻军在瓦梁垒，救六合。奋力作战，把老弱护送回滁州。元兵接着大批开到，攻到滁州。太祖设下埋伏引诱元兵，把元兵打败。但是，考虑到元兵势力强大，而且会再来，于是把缴获的马还给元兵，派父老带上牛酒，向元将道歉说：『我们守护城是防止其他盗贼罢了，你们为什么放了大盗来杀戮良民。』元兵撤走，城被保护住了。脱脱打败了张士诚，军威大振，刚好元顺帝听了谗言，突然解除了他的兵权，江淮一带的反乱势力更加发展。

至正十五年春正月，郭子兴用了朱元璋的计策，派遣张天祜等拿下了和州，发文书使太祖总领这些军队。太祖考虑到各将领可能不服气，于是把公文藏起来，约定第二天会集厅堂议事。当时座位次序是以右面为上，各将领先进去，都占了右面的位置。太祖故意晚些进去，坐在左面。到处理公事的时候，太祖对事情的分析决断像流水一样通畅，各将领瞪眼看着说不出一句话来，才稍稍有点屈服。商议分工用砖筑城墙，决定三天完成。太祖负责的工程按时完成了，各将领的都没有按时完成。这时太祖才拿出公文，坐在南面说：『我奉命统率你们的军队，现在筑墙城都误了时间，按军法该怎么处理？』各将领都惶恐地承认错误。于是把在军队中抢来的妇女全部搜查出来，把她们放回家，老百姓非常满意。元兵十万人攻打和州，坚守了三个月，粮食快吃完了，而太子秃坚、枢密副使绊住马、民兵元帅陈野先分别驻扎在新塘、高望、鸡笼山，以截断运粮食到和州的路。太祖领兵打败了他，元兵都渡过长江逃跑。三月，郭子兴死了。当时刘福通把韩山童的儿子韩林儿接到亳州，把他推为皇帝，国号宋，年号龙凤。发公文委任郭子兴的儿子郭天叙任都元帅，张天祐、太祖任左右副元帅。太祖感慨地说：『大丈夫怎么能够受别人的制约呢。』于是不接受委任。但是考虑到韩林儿势力强大，可以借助倚靠，于是用了他的年号来号令军队。

夏四月，常遇春来归附。五月，太祖计划渡过长江，没有船。刚好巢湖帅廖永安、俞通海带了水军千艘来归附，太祖非常高兴，亲自前往安抚部众。而元朝的中丞蛮子海牙扼守铜城闸、马场河各个险要的地方，巢湖的水军出不来。忽然天下大雨，太祖高兴地说：『老天爷真帮忙呀。』于是乘水涨从小港把水军的船只全部驶入长江，紧接着在峪溪口把海牙打得大败，这才订计划渡长江。各将领请求直接向集庆进军。太祖说：『占领集庆一定要从采石开始。采石是重镇，防守必定很牢固，牛渚面对大江，元兵很难防备，一定可以拿下来。』六月乙卯，乘风驶帆，直达牛渚。常遇春先登岸，把牛渚拿下了。采石的元兵亦溃散。长江沿岸各个垒全都归附。

各将领因为和州饥荒，争着拿钱粮准备回去。太祖对徐达说：『渡江幸而得胜，如果放弃了这里回去，江东不再是我们所占有的了。』于是把系船的缆绳全部砍断，把船放到急流里，对各将领说：『太平离这里很近，我和你们一起去夺取它。』于是乘胜拿下了太平，俘虏了万户纳哈出。总管靳义自己溺水死，太祖说：『是义士呀！』以礼埋葬了他。出榜安民，禁止抢掠。有个士兵违背了军令，斩了他示众，军中纪律严肃，秩序井然。把路的建制改为府。

设置太平兴国翼元帅府，自己负责元帅的事，召陶安参与幕府的事，李习任知府。当时太平四面都是元兵。右丞阿鲁灰、中丞蛮子海牙等截住姑孰口，严阵以待。陈野先的水军率领康茂才用几万人攻城。太祖派徐达、邓愈、汤和反击，另遣将领偷偷跑到他的后方，前后夹击，俘虏了陈野先，降服了他的部下，阿鲁灰等撤走了。

秋九月，郭天叙、张天祐攻打集庆，陈野先反叛，郭天叙、张天佑两人都战死，于是郭子兴部队的将领全部归附了太祖。陈野先不久被民兵杀了，他的从子陈兆先收集了他的部众，驻守方山，和海牙互为掎角的形势，以窥伺太平。

冬十二月壬子，放了纳哈出回北方。

至正十六年春二月丙子，在采石大败海牙。三月癸未，进攻集庆，俘虏了陈兆先，降服了他的部众三万六千人，这些人都非常害怕不能保住自己。太祖选择了其中最勇猛强健的五百人进去当卫士，自己卸下盔甲酣睡到天明，大家心里才安定下来。庚寅，在蒋山再次打败元兵。元朝御史大夫福寿奋力作战，死了；蛮子海牙逃跑去归附了张士诚，康茂才投降。太祖进城，把官吏父老全都找来，向他们宣告说：『元朝政治腐败，贪污混乱，到处起兵，我来是为百姓除去暴乱罢了，你们都要像过去一样安居稳定。有贤德才能的人我以礼聘用他，从前对老百姓不方便的政策命令，我废除它，官吏不准贪污横暴祸害我的老百姓。』百姓这才感到喜出望外。把集庆路改为应天府，征召了夏煜、孙炎、杨宪等十多人，分别安排了官职。安葬了御史大夫福寿，以表彰他的忠心。

当时，元将定定扼守镇江，别不华、杨仲英驻守宁国，青衣军张明鉴占据了扬州，八思尔不花驻守徽州，石抹宜孙防守处州，他的弟弟厚孙防守婺州，宋伯颜不花防守衢州，而池州已经被徐寿辉将领所占据，张士诚从淮东攻陷平江，转而抢掠浙西。太祖即平定了集庆，顾虑张士诚、徐寿辉强大，江左、浙右各郡会被他们吞并，于是派徐达攻镇江，拿下了它，定定战死。

夏六月，邓愈攻克广德。

秋七月己卯，各将领尊奉太祖为吴国公。设置江南行中书省，自己总管省的事务，设置僚属助理。送信张士诚，张士诚不复，领兵攻打镇江。徐达把张士诚打败，进而包围常州，攻不下来。九月戊寅，太祖到镇江，拜谒孔子庙。派儒士向父老宣告，劝百姓重视农作栽桑。不久回应天。

至正十七年春二月，耿炳文攻克长兴。三月，徐达攻克常州。

夏四月丁卯，太祖自己领兵攻打宁国，占领了，别不华投降。五月，上元、宁国、句容献上象征祥瑞的麦子。六月，赵继祖攻克江阴。

秋七月，常遇春攻克常熟。胡大海攻克徽州，八思尔不花逃跑了。

冬十月，常遇春攻克池州，缪大亨攻克扬州，张明鉴投降。十二月己丑。释放囚徒。

这一年，徐寿辉的部将明玉珍占据了重庆路。

至正十八年春二月乙亥，任命康茂才为营田使。三月己酉，审察并记录犯人的罪状。邓愈攻克建德路。

夏四月，徐寿辉部将陈友谅派赵普胜攻陷池州。这个月，陈友谅占据了龙兴路。五月，刘福通攻破汴梁，迎接韩林儿前往并定都在那里。当初，刘福通派遣将领分道四出，攻破山东，侵犯秦、晋，抢掠幽、蓟，中原大乱，太祖所以能够逐一攻下和稳定长江以南地区。所经过的地方不杀人，招收征召那些才智出众的人，因此人心归附。

冬十二月，胡大海攻打婺州，很久都没打下，太祖自己领兵前往攻打它。石抹宜孙派遣将领率领车师由松溪来援救，太祖说：『道窄，车战正是自取失败罢了。』命胡德济在梅花门迎战，把他打得大败，婺州投降，俘虏了石抹厚孙。前一天，城中的人望见城西有五色的云，形状像车盖一样，都觉得奇怪，现在才知道那里是太祖部队驻扎的地方。入城，把库里的粮食拿出来赈济贫民，改州为宁越府。征召了范祖干、叶仪、许元等十三个人，分别轮值讲解经史。戊子，派遣使者招谕方国珍。

至正十九年春正月乙巳，太祖计划夺取浙东还没打下的各个路。告诫各将领说：『攻克城池是用武力，平定混乱是用仁政。我近来进入集庆，秋毫无犯，所以能够一举便平定。我每听见各将领得到一个城，不随意杀人，常常喜不自胜。部队行军像火一样急，不收敛将会引起燎原之势。当将领能够以不杀人作为勇猛，不但是国家的利益，而且是子孙的幸福。』庚申，胡大海攻克诸暨。这个月，命令宁越知府王宗显设立郡学。三月甲午，赦免大逆以下的罪人。丁巳，方国珍来献温州、台州、庆元，派他的儿子方关做人质，朱元璋不接受人质。

夏四月，俞通海等收复池州。当时耿炳文守长兴，吴良守江阴，汤和守常州，都几次打败了张士诚的兵。太祖因此在宁越停留了较长的时间，攻取浙东。六月壬戌，回应天。

秋八月，元察罕贴木儿收复汴梁，刘福通护着韩林儿退保安丰。九月，常遇春攻克衢州，生擒宋伯颜不花。

冬十月，派遣夏煜任命方国珍为行省平章，方国珍借口有病推辞了。十一月壬寅，胡大海攻克处州，石抹宜孙逃跑了。当时元朝守卫的兵力很单薄，而且听说中原混乱，人心离散，所以江左、浙右各郡，部队开到就拿下了，于是西面与陈友谅相邻接。

至正二十年春二月，元政府福建行省参政袁天禄献福宁投降。三月戊子，征召的刘基、宋濂、章溢、叶琛来到。

夏五月，徐达、常遇春在池州打败了陈友谅。闰月丙辰，陈友谅攻陷太平，守将朱文逊，院判花云、王鼎，知府许瑗遇难。不久，陈友谅杀了他的主子徐寿辉，自己称皇帝，国号汉，全部占有江西、湖广的地区。约张士诚联合进攻应天，应天大为震动。各将领商议先收复太平来牵制他，太祖说：『不成。他在长江上游，舟师比我多十倍，很难突然收复。』或者请太祖自己领兵迎击，太祖说：『不成。他用侧翼部队牵制着我，而全军进军金陵，顺流半日可以到达，我们的骑兵步兵急切难以返回去，远途赶去作战，是兵法所忌讳的，不是办法。』于是派人飞马前去命令胡大海骚扰信州牵制他的后方，而令康茂才写信欺骗陈友谅，让他赶快来。陈友谅果然领兵东来。于是常遇春埋伏在石灰山，徐达在南门外摆开阵势，杨璟驻扎在大胜港，张德胜等用水师出龙江关，太祖亲自在卢龙山指挥军队。乙丑，陈友谅到龙湾，众人准备开战，太祖说：『天快要下雨了，赶快吃饭，乘雨攻击他。』不久，果然下大雨，兵士奋勇争先，雨停联合作战，水陆夹击，把他打得大败。陈友谅换乘另一只船跑了。于是收复太平，攻下安庆，而胡大海亦攻克了信州。

当初，太祖令康茂才写信骗陈友谅，李善长表示怀疑。太祖说：『两贼寇联合，我首尾受敌，只有催他来先将他打败，则张士诚丧胆了。』后来张士诚果然不出兵。丁卯，设置儒学提举司，任命宋濂为提举，送儿子标来学经学。六月，耿再成在庆元打败石抹宜孙，宜孙战死，派遣使者祭祀他。

秋九月，徐寿辉从前的将领欧普祥领袁州降。

冬十二月，再派复煜用信晓谕方国珍。

至正二十一年春二月甲申，开始规定征收盐茶税的数额和时间。己亥，设置宝源局。三月丁丑，把枢密院改为大都督府。元政府将领薛显领泗州投降。戊寅，方国珍派遣使者前来认错，并把用金玉装饰得很华丽的马鞍献上。太祖推辞说：『现在天下多事，所需要的是人才，所用的是粮食布匹，珍宝玩物不是我所爱好的。』

秋七月，陈友谅的部将张定边攻陷安庆。八月，太祖派遣使者前往元政府平章察罕帖木儿处。当时察罕平定了山东，降服了田丰，军队的声望很高，所以太祖和他友好来往。刚好察罕正在攻打益都，没能拿下来，太祖便自己率领舟师征讨陈友谅。戊戌，攻克安庆，陈友谅部将丁普郎、傅友德前来迎接、投降。壬寅，到湖口，追赶陈友谅并在江州把他打败，攻克了他的城，陈友谅跑到武昌。分别攻打南康、建昌、饶、蕲、黄、广济，都拿下了。

冬十一月己未，攻克抚州。

至正二十二年春正月，陈友谅的江西行省丞相胡廷瑞献出龙兴投降。乙卯，太祖到龙兴，把它改为洪都府。拜谒孔子庙。告谕父老，废除陈友谅苛刻的政令，停止征收各种军用物资，慰问抚恤贫穷没有依靠的人，百姓非常满意。袁、瑞、临江、吉安等地接连被攻下。二月，回应天。邓愈留守洪都。癸未，降人蒋英杀了金华守将胡大海，郎中王恺被害，蒋英反叛投降了张士诚。处州投降的李祐之听说有变乱，亦杀了行枢密院判耿再成反叛，都事孙炎、知府王道同、元帅朱文刚都被害。三月癸亥，投降的祝宗、康泰反叛，攻陷洪都，郑愈跑到应天，知府叶琛、都事万思诚遇害。这个月，明玉珍在重庆称帝，国号夏。

夏四月己卯，邵荣收复处州。甲午，徐达收复洪都。五月丙午，朱文正、赵德胜、邓愈镇守洪都。六月戊寅，察罕送来复信，把太祖的使者留下不让回来。接着察罕被田丰杀了。

秋七月丙辰，平章邵荣、参政赵继祖谋反，被判死刑。

冬十二月，元政府派遣尚书张昶从海道到庆元，任命太祖为江西行省平章政事，太祖不接受。察罕的儿子扩廓帖木儿来信并让使者回来。

至正二十三年春正月丙寅，派汪河回报扩廓帖木儿。二月壬申，命令将领兵士屯田储备粮食。这个月，陈友谅部将张定边攻陷饶州。张士诚的部将吕珍攻破安丰，杀了刘福通。三月辛丑，太祖自己领兵前往援救安丰，吕珍战败逃走，太祖保护韩林儿回滁州，然后再回应天。

夏四月壬戌，陈友谅调动大军包围洪都。乙丑，守卫诸全的将领谢再兴反叛，归附张士诚。五月，建筑礼贤馆。陈友谅分兵攻陷吉安，参政刘齐、知府朱叔华被害。攻陷临江，同知赵天麟被害。攻陷无为州，知州董曾被害。

秋七月癸酉，太祖自己率兵解救洪都。癸未，到湖口，先在泾江口和南湖觜设下伏兵，阻截陈友谅的退路，发公文征召信州的兵把守武阳渡。陈友谅听说太祖来到，撤除了对洪都的包围，在鄱阳湖上逆水大战。陈友谅的兵号称六十万，把大船连接在一起作为战斗队列，侦察防守的高台高达十余丈，连绵几十里，旗帜、戈盾等兵器堆积，看上去像山一样。丁亥，在康郎山遭遇，太祖分兵十一队来抵挡他。戊子，双方交战，徐达打击了他的前锋，俞通海用火炮烧了他几十只船，双方死伤差不多。陈友谅的猛将张定边直接进攻太祖的船，船搁浅在沙上，不能退却，非常危急。常遇春从旁射中张定边，俞通海又来支援，由于这些船迅疾驶来水也涌过来，太祖的船这才得以驶走。己丑，陈友谅全部用巨舰作战，太祖各部将的船小，不利于向上进攻，大家神色紧张。太祖亲自督战，部队不向前冲，斩杀了十多个退缩的人，其他的人便拼死一战。刚好日落，刮起了东北风，于是命敢死的士兵划着七只小船，放满火药芦苇，放火烧陈友谅的船。风猛，火势大作，滚滚浓烟遮没了天空，湖水全都映得赤红。陈友谅的兵大乱，太祖各将领乘机呼喊着冲杀，斩首两千多级，烧死淹死的无法计算，陈友谅的锐气丧失了。辛卯，再交战，陈友谅再大败。于是收敛着船自卫，不敢再战。壬辰，太祖转移部队据守左蠡，陈友谅亦退回防守渚矶。对峙了三天，陈友谅左右两金吾将军都投降。陈友谅的形势更显得迫促，非常愤恨，把俘获的将士全部杀死。而太祖则把俘虏全部放回，给受伤的敷上好药，而且祭奠他们战死了的亲戚和各将领。八月壬戌，陈友谅断粮，向南湖觜进军，被南湖的军队阻截，于是急冲湖口。太祖截击他，顺流搏战，到了泾江。泾江的军队再拦击他，陈友谅被流箭射死。张定边保着他的儿子陈理跑到武昌。

九月，回应天，论功行赏。先是，太祖救安丰，不接受刘基的劝谏。现在对刘基说：『我不应当去安丰，如果陈友谅乘虚直接袭击应天，那就完了。但是他驻守南昌，不亡还等什么。陈友谅灭亡，天下不难安定了。』壬午，自己领兵去征讨陈理。这个月，张士诚自称吴王。

冬十月壬寅，包围武昌，分别攻打湖北各路，都攻下了。十二月丙申，回应天，留常遇春指挥各路军队。

至正二十四年春正月丙寅初一，李善长等率领官员们劝太祖称帝，不准。坚决请求，这才登了吴王位。设立百官。用李善长为右相国，徐达为左相国，常遇春、俞通海为平章政事。诏令他们说：『刚建立国家的时候，首先应该整理规章制度。元朝皇帝愚昧软弱，威望福泽下移，终于发生叛乱，现在应该引以为戒。』立儿子朱标为世子。二月乙未，自己再领兵征伐武昌，陈理投降，汉、沔、荆、岳都拿下了。三月乙丑，回应天。丁卯，设置起居注。庚午，撤销诸翼元帅府，成立十七卫亲军指挥使司，命令中书省征召文武人才。

夏四月，建祠，在康郎山祭祀死难的丁普郎等，在南昌祭祀赵德胜等。

秋七月丁丑，徐达攻克庐州。戊寅，常遇春攻取江西。八月戊戌，收复吉安，于是包围了赣州。徐达攻下了荆、湘各路。九月甲申，攻下江陵，夷陵、潭、归都投降。

冬十二月庚寅，徐达攻克辰州，派副将攻下衡州。

至正二十五年春正月己巳，徐达攻下宝庆，湖湘平定。常遇春攻克赣州，熊天瑞投降。于是指向南安，招谕岭南各路，攻下韶州、南雄。甲申，太祖到南昌，捉拿了大都督朱文正回去，列举他的罪状，把他安置到桐城。二月己丑，福建行省平章陈友定侵犯处州，参军胡深把他打败，于是攻下浦城。丙午，张士诚的将领李伯升攻打诸全的新城，李文忠把他打得大败。

夏四月庚寅，常遇春攻占襄、汉各路。五月乙亥，攻克安陆。己卯，攻下襄阳。六月壬子，朱亮祖、胡深进攻建宁，在城下作战，胡深被捉，被害。

秋七月，下令赡养那些跟随渡长江、因受伤而致病残的兵士，战死了的则赡养他的妻子。九月丙辰，建立国子学。

冬十月戊戌，下令讨伐张士诚。这时，张士诚所占领的地方，南面到绍兴，北面有通、泰、高邮、淮安、濠、泗，再北直到济宁。于是命令徐达、常遇春等先计划夺取淮东。闰月，包围泰州，攻克它。十一月，张士诚侵犯宜兴，徐达把他打败，于是从宜兴回攻高邮。

至正二十六年春正月癸未，张士诚窥伺江阴，太祖自己领兵去救，张士诚跑了，康茂才追赶着他，在浮子门把他打败。太祖回应天。二月，明玉珍死，儿子明升继位。三月丙申，下令中书严格对人员的选举。徐达攻克高邮。

夏四月乙卯，袭击淮安，攻破张士诚部将徐义的水军，徐义跑了，梅思祖举城投降。濠州、徐州、宿州相继占领，淮东平定。甲子，太祖到濠州扫墓，设置了二十家守护隆起的坟墓，赐粮食布帛给老友汪文、刘英。摆酒召父老来开怀畅饮，说：『我离开家乡十多年，历尽艰难身经百战，才得回来扫墓，和父老子弟再相见。可惜现在不能久留和你们欢聚。希望父老教育子弟孝顺父母、尊敬兄长、努力耕作，不要到远处营商，靠近淮河的郡县还苦于盗贼的抢掠，请父老善自珍重。』命令地方政府免除租赋，父老都叩首致谢。辛未，徐达攻克安丰，分兵在徐州打败扩廓。

夏五月壬午，从濠州回来。庚寅，寻求散失的书和前人的藏书。

秋八月庚戌，改建应天城，在钟山南面起盖新的宫殿。辛亥，任命徐达为大将军，常遇春为副将军，率兵二十万讨伐张士诚。到立着戟的宫门前誓师说：『攻占城池的时候，不要杀人抢掠，不要毁坏田舍，不要发掘坟墓。

张士诚母亲葬在平江城外，不要侵犯毁坏。』然后召见徐达、常遇春，问他们出兵应该先攻打哪里。常遇春想直捣平江。太祖说：『湖州张天骐、杭州潘原明是张士诚的手臂手指，平江受到逼迫，两个人都会全力赶去援救，我们难以取胜。不如先攻湖州，使他疲于奔命，羽翼一分开，平江的形势便显得孤立，立刻可以攻破了。』甲戌，在湖州打败了张天骐，张士诚亲自带领军队来援救，在皂林又再把他打败。九月乙未，李文忠攻打杭州。

冬十月壬子，常遇春在乌镇打败了张士诚的部队。十一月甲申，张天骐投降。辛卯，李文忠攻下余杭，潘原明投降，附近的郡都拿下了。癸卯，包围了平江。十二月，韩林儿去世。用第二年作为吴元年，建筑拜祭祖先土地的庙社和宫殿，拜祭祷告山川。有关部门呈进建造宫殿的图纸，命令去掉那些雕琢过于奢华之处。

这一年，元扩廓帖木儿与李思齐、张良弼闹矛盾，几次互相攻击，不执行中央的命令，中原的百姓更加穷困。

至正二十七年春正月戊戌，告谕中书省说：『东南长期遭受兵灾，民生凋敝，我很怜悯他们。而且太平、应天各郡，是我渡江开创的地方，长期烦劳他们大量供给物资。现在相邻各户都是空荡无物，有关部门催收赋税又很急，使我的百姓处境很困难，怎么能够忍受。现在赐太平田租两年，应天、镇江、宁国、广德各一年。』二月丁未，傅友德在徐州打败了扩廓的部将李二，活捉了他。三月丁丑，开始设立文武科录取士人。

夏四月，方国珍秘密派遣使者与扩廓及陈友定联系，太祖写信责备他。五月己亥，开始设置翰林院。这个月，因为干旱，太祖减膳食吃素菜，免除徐、宿、濠、泗、寿、邳、东海、安东、襄阳、安陆和新归附的地方三年的田租。六月戊辰，下大雨，官员们请太祖恢复原来的膳食。太祖说：『虽然下雨，但已有很多禾苗受到损害，还是赐百姓免交今年的田租。』癸酉，命令朝贺时撤去女乐。

秋七月丙子，给府州县官上任的费用，把数量质量不同的丝织品、布帛分别赐给他们的父母妻子和长子，并作为制度执行。己丑，雷震动宫门的兽吻，赦免被囚禁的罪人。庚寅，派使者责令方国珍贡献粮食。八月癸丑，祭天的坛、祭地的坛、祭土地神和谷神的坛建成。九月甲戌，太庙建成。朱亮祖率军队讨伐方国珍。戊寅，下诏说：『上古时帝王的政策，对犯了罪的人不株连他的妻子儿女。从今以后，除了大逆不道，不许牵连治罪。』辛巳，徐达攻克平江，活捉张士诚，吴的地区全部平定。戊戌，派使者送信给元顺帝，送他的宗室神保大王等回到北方。辛丑，评议平定吴的功劳，封李善长为宣国公，徐达为信国公，常遇春为鄂国公，对将官士兵亦分别给予不同赏赐。朱亮祖攻克台州。癸卯，新的宫殿建成。

冬十月甲辰，派起居注吴琳、魏观用玉帛等礼物到各处搜求尚未被聘用的有贤德的人。丙午，令所有官员的礼仪都以左为上。改任李善长为左相国，徐达为右相国。辛亥，在安庆祭祀元朝大臣余阙，在江州祭祀李黼。壬子，设置御史台。癸丑，汤和任征南将军，吴祯为副将军，讨伐方国珍。甲寅，制定法令。戊午，整理、纠正祭祀天地、太庙时所用的乐舞。

庚申，召集各将领商议向北进军。太祖说：『山东则王宣反复不定，河南则扩廓专横暴戾，关、陇则李思齐、张思道气焰嚣张互相猜疑嫉妒，元朝的统治将要灭亡，中原处于极其困苦的境地。现在我们将要北伐，拯救百姓于水深火热之中，怎样才能取得胜利呢？』常遇春回答说：『用我久经战斗的部队，和他那长期处于安闲状态的兵士作战，直接攻打元朝的都城，那必然是势如破竹。』太祖说：『元朝建国已经百年，守御防备必然是很稳固的，孤军深入敌境，粮食运送不到，各地救援京师的军队汇集，这是很危险的办法。我准备先占领山东，撤了他的屏障，转移部队到两河，打破他的藩篱，攻克潼关而且驻守在那里控制着他的门槛。天下形势险要的地方都已在我掌中，然后再进军，元朝京都势力孤单援军断绝，不打也自然可以拿下了。然后大张声势地向西进军，云中、九原、关、陇可以席卷了。』众将领都说：『好。』

甲子，徐达任征虏大将军，常遇春为副将军，率领部队二十五万人，由淮入黄河，北取中原。胡廷瑞任征南将军，何文辉任副将军，进攻福建。湖广行省平章杨璟、左丞周德兴、参政张彬夺取广西。己巳，朱亮祖攻克温州。十一月辛巳，汤和攻克庆元，方国珍逃跑到海上。壬午，徐达攻克沂州，斩了王宣。己丑，廖永忠任征南副将军，从海路会合汤和征讨方国珍。乙未，颁布大统历。辛丑，徐达攻克益都。十二月甲辰，颁布法令。丁未，方国珍投降，浙东平定。张兴祖攻下东平，衮东的州县相继投降。己酉，徐达攻下济南。胡廷瑞攻下邵武。癸丑，李善长带领所有官员劝太祖即帝位，上了三次奏表，才允准了。甲子，禀告上帝。庚午，汤和、廖永忠由海路攻克福州。

刘基列传第十六

刘基，字伯温，青田人。曾祖濠，仕宋为翰林掌书。宋亡，邑子林融倡义旅。事败，元遣使簿录其党，多连染。使道宿濠家，濠醉使者而焚其庐，籍悉毁。使者计无所出，乃为更其籍，连染者皆得免。基幼颖异，其师郑复初谓其父爚曰：「君祖德厚，此子必大君之门矣。」元至顺间，举进士，除高安丞，有廉直声。行省辟之，谢去。起为江浙儒学副提举，论御史失职，为台臣所阻，再投劾归。基博通经史，于书无不窥，尤精象纬之学。西蜀赵天泽论江左人物，首称基，以为诸葛孔明俦也。

方国珍起海上，掠郡县，有司不能制。行省复辟基为元帅府都事。基议筑庆元诸城以逼贼，国珍气沮。及左丞帖里帖木儿招谕国珍，基言方氏兄弟首乱，不诛无以惩后。国珍惧，厚赂基。基不受。国珍乃使人浮海至京，贿用事者。遂诏抚国珍，授以官，而责基擅威福，羁管绍兴，方氏遂愈横。亡何，山寇蜂起，行省复辟基剿捕，与行院判石抹宜孙守处州。经略使李国凤上其功，执政以方氏故抑之，授总管府判，不与兵事。基遂弃官还青田，著《郁离子》以见志。时避方氏者争依基，基稍为部署，寇不敢犯。

及太祖下金华，定括苍，闻基及宋濂等名，以币聘。基未应，总制孙炎再致书固邀之，基始出。既至，陈时务十八策。太祖大喜，筑礼贤馆以处基等，宠礼甚至。初，太祖以韩林儿称宋后，遥奉之。岁首，中书省设御座行礼，基独不拜，曰：「牧竖耳，奉之何为？」因见太祖，陈天命所在。太祖问征取计，基曰：「士诚自守虏，不足虑。友谅劫主胁下，名号不正，地据上流，其心无日忘我，宜先图之。陈氏灭，张氏势孤，一举可定。然后北向中原，王业可成也。」太祖大悦曰：「先生有至计，勿惜尽言。」会陈友谅陷太平，谋东下，势张甚，诸将或议降，或议奔据钟山，基张目不言。太祖召入内，基奋曰：「主降及奔者，可斩也。」太祖曰：「先生计安出？」基曰：「贼骄矣，待其深入，伏兵邀取之，易耳。天道后举者胜，取威制敌以成王业，在此举矣。」太祖用其策，诱友谅至，大破之，以克敌赏赏基，基辞。友谅兵复陷安庆，太祖欲自将讨之，以问基。基力赞，遂出师攻安庆。自旦及暮不下，基请迳趋江州，捣友谅巢穴，遂悉军西上。友谅出不意，帅妻子奔武昌，江州降。其龙兴守将胡美遣子通款，请勿散其部曲。太祖有难色。基从后蹋胡床。太祖悟，许之。美降，江西诸郡皆下。

基丧母，值兵事未敢言，至是请还葬。会苗军反，杀金、处守将胡大海、耿再成等，浙东摇动。基至衢，为守将夏毅谕安诸属邑，复与平章邵荣等谋复处州，乱遂定。国珍素畏基，致书唁。基答书，宣示太祖威德，国珍遂入贡。太祖数以书即家访军国事，基条答悉中机宜。寻赴京，太祖方亲援安丰。基曰：『汉、吴伺隙，未可动也。』不听。友谅闻之，乘间围洪都。太祖曰：『不听君言，几失计。』遂自将救洪都，与友谅大战鄱阳湖，一日数十接。太祖坐胡床督战，基侍侧，忽跃起大呼，趣太祖更舟。太祖仓卒徙别舸，坐未定，飞炮击旧所御舟立碎。友谅乘高见之，大喜。而太祖舟更进，汉军皆失色。时湖中相持，三日未决，基请移军湖口扼之，以金木相犯日决胜，友谅走死。其后太祖取士诚，北伐中原，遂成帝业，略如基谋。

吴元年以基为太史令，上《戊申大统历》。荧惑守心，请下诏罪己。大旱，请决滞狱。即命基平反，雨随注。因请立法定制，以止滥杀。太祖方欲刑人，基请其故，太祖语之以梦。基曰：『此得土得众之象，宜停刑以待。』后三日，海宁降。太祖喜，悉以囚付基纵之。寻拜御史中丞兼太史令。

太祖即皇帝位，基奏立军卫法。初定处州税粮，视宋制亩加五合，惟青田命毋加，曰：『令伯温乡里世世为美谈也。』帝幸汴梁，基与左丞相善长居守。基谓宋、元宽纵失天下，今宜肃纪纲。令御史纠劾无所避，宿卫宦侍有过者，皆启皇太子置之法，人惮其严。中书省都事李彬坐贪纵抵罪，善长素昵之，请缓其狱。基不听，驰奏。报可。方祈雨，即斩之。由是与善长忤。帝归，诉基僇人坛壝下，不敬。诸怨基者亦交谮之。会以旱求言，基奏：『士卒物故者，其妻悉处别营，凡数万人，阴气郁结。工匠死，胔骸暴露，吴将吏降者皆编军户，足干和气。』帝纳其言，旬日仍不雨，帝怒。会基有妻丧，遂请告归。时帝方营中都，又锐意灭扩廓。基濒行，奏曰：『凤阳虽帝乡，非建都地。王保保未可轻也。』已而定西失利，扩廓竟走沙漠，迄为边患。其冬，帝手诏叙基勋伐，召赴京，赐赉甚厚，追赠基祖、父皆永嘉郡公。累欲进基爵，基固辞不受。

初，太祖以事责丞相李善长，基言：『善长勋旧，能调和诸将。』太祖曰：『是数欲害君，君乃为之地耶？吾行相君矣。』基顿首曰：『是如易柱，须得大木。若束小木为之，且立覆。』及善长罢，帝欲相杨宪，宪素善基，基力言不可，曰：『宪有相才无相器。夫宰相者，持心如水，以义理为权衡，而己无与者也，宪则不然。』帝问汪广洋，曰：『此褊浅殆甚于宪。』又问胡惟庸，曰：『譬之驾，惧其偾辕也。』帝曰：『吾之相，诚无逾先生。』基曰：『臣疾恶太甚，又不耐繁剧，为之且孤上恩。天下何患无才，惟明主悉心求之，目前诸人诚未见其可也。』后宪、广洋、惟庸皆败。三年授弘文馆学士。十一月大封功臣，授基开国翊运守正文臣、资善大夫、上护军，封诚意伯，禄二百四十石。明年赐归老于乡。

帝尝手书问天象。基条答甚悉而焚其草。大要言霜雪之后，必有阳春，今国威已立，宜少济以宽大。基佐定天下，料事如神。性刚嫉恶，与物多忤。至是还隐山中，惟饮酒弈棋，口不言功。邑令求见不得，微服为野人谒基。基方濯足，令从子引入茆舍，炊黍饭令。令告曰：『某青田知县也。』基惊起称民，谢去，终不复见。其韬迹如此，然究为惟庸所中。

初，基言瓯、括间有隙地曰谈洋，南抵闽界，为盐盗薮，方氏所由乱，请设巡检司守之。奸民弗便也。会茗洋逃军反，吏匿不以闻，基令长子琏奏其事，不先白中书省。胡惟庸方以左丞掌省事，挟前憾，使吏讦基，谓谈洋地有王气，基图为墓，民弗与，则请立巡检逐民。帝虽不罪基，然颇为所动，遂夺基禄。基惧入谢，乃留京，不敢归，未几，惟庸相，基大戚曰：『使吾言不验，苍生福也。』忧愤疾作。八年三月，帝亲制文赐之，遣使护归。抵家，疾笃，以《天文书》授子琏曰：『亟上之，毋令后人习也。』又谓次子璟曰：『夫为政，宽猛如循环。当今之务在修德省刑，祈天永命。诸形胜要害之地，宜与京师声势连络。我欲为遗表，惟庸在，无益也。惟庸败后，上必思我，有所问，以是密奏之。』居一月而卒，年六十五。基在京病时，惟庸以医来，饮其药，有物积腹中如拳石。其后中丞涂节首惟庸逆谋，并谓其毒基致死云。

基虬髯，貌修伟，慷慨有大节，论天下安危，义形于色。帝察其至诚，任以心膂。每召基，辄屏人密语移时。基亦自谓不世遇，知无不言。遇急难，勇气奋发，计划立定，人莫能测。暇则敷陈王道。帝每恭己以听，常呼为老先生而不名，曰：『吾子房也。』又曰：『数以孔子之言导予。』顾帷幄语秘莫能详，而世所传为神奇，多阴阳风角之说，非其至也。所为文章，气昌而奇，与宋濂并为一代之宗。所著有《覆瓿集》、《犁眉公集》传于世。子琏、璟。

【译文】

刘基，字伯温，青田人。曾祖父刘濠，在宋朝为翰林掌书。宋朝灭亡，同县人林融倡议组织起义队伍。事情败露，元政府派使者登记了他的同党，很多人受到株连。使者途中住在刘濠家里，刘濠把他灌醉，烧了他住的房子，登记册全部烧毁了。使者没有办法，只好再另造册，株连的人这才得以避免。刘基小时候很聪明，他的老师郑复初对他的父亲刘爚说：『你家祖宗积德深厚，这个小孩一定能够光大你家的门户。』元朝至顺年间，刘基中了进士，被任命为高安丞，有清廉正直的名声。行省征召他，刘基推辞走了。后来被起用为江浙儒学副提举，评论御史失职，被台臣阻止，再次投书弹劾，辞职回家。刘基博学精通经史，什么书都看，尤其擅长天文历数。西蜀赵天泽议论江左地区的人物，首先称赞刘基，认为他是诸葛孔明一类的人。

方国珍在海上起兵，在郡县抢掠，地方官不能制止。行省再次征召刘基为元帅府都事。刘基建议筑庆元等城来逼迫盗贼，方国珍甚为丧气。及至左丞帖里帖木儿招抚告谕方国珍，刘基说方氏兄弟首先起来作乱，不杀了他无法惩戒后来的人。方国珍很怕，送厚礼贿赂刘基，刘基拒不接受。方国珍便派人从海道到京师，贿赂当权者。于是皇帝下诏招抚方国珍，授予官职，而责备刘基自作主张，让他客居管理绍兴，方国珍因此更加横行。不久，山寇蜂拥而起，行省再征召刘基剿捕盗贼，和行院判石抹宜孙守处州。经略使李国凤上报他的功劳，当权者因为方国珍的缘故，有意压抑他，任命他为总管府判，不参与军事。刘基于是弃官回青田，写了《郁离子》这本书表明自己的志向。

当时躲避方国珍的都争相依靠刘基，刘基稍为做了些安排，贼寇便不敢来侵犯。

及至太祖攻下金华，平定苍括，听说刘基和宋濂等人的名字，送去玉帛等聘请他们。刘基未答应，总制孙炎再写信坚决邀请他，刘基才出来。到了太祖那里，刘基讲述了对当前形势的十八点看法。太祖很高兴，筑礼贤馆来安置刘基等，关心爱护礼节非常周到。起初，太祖因为韩林儿自称为宋的后裔，所以相距虽远亦供奉着他。正月，中书省设皇帝的座位朝拜，刘基一个人不拜，说：『一个牧人罢了，尊奉他干什么？』于是去见太祖，讲述天命所在。太祖问他征服群雄取得天下的计策，刘基说：『张士诚是保守鬼，没什么可顾虑的。陈友谅挟持着他的首领徐寿辉来威胁部下，名号不正，他的地盘占据着上游，日日夜夜想着吞并我们，应该先干掉他。消灭了陈友谅，张士诚势力孤单，一战就可以把他平定。然后挥师北向中原，帝王的事业便可以成功了。』太祖非常高兴，说：『先生有很好的计策，希望能够尽量提出。』正好陈友谅攻陷太平，准备东下，气焰非常嚣张，各将领有建议投降的，有建议赶快逃跑去占领钟山的，刘基看着一声不吭。太祖把他请到里面，刘基激动地说：『主张投降和逃跑的，该杀。』太祖说：『先生有什么办法？』刘基说：『敌兵很骄傲，等他深入，伏兵截击他，是很容易的。天下的事往往是后起的得胜，取得声威制服敌人以完成帝王的事业，正在此一举了。』太祖采用了他的计策，引诱陈友谅来，把他打了个落花流水。用攻克敌人的赏赐来赐给刘基，刘基推辞了。陈友谅兵再攻陷安庆，太祖想自己带兵讨伐他，征求刘基意见。刘基极力赞成，于是出师攻安庆。自朝至暮攻不下，刘基提出直接到江州，捣毁陈友谅的巢穴。于是挥军西上。陈友谅措手不及，带着妻子跑到武昌，江州投降。陈友谅龙兴的守将胡美派儿子来谈判，要求不要解散他的部属，太祖面有难色。刘基从后面踢太祖坐的胡床，太祖领悟，答应了他。胡美投降，江西各个郡都拿下了。

刘基母亲去世，当时正有战事，没敢说，这时请求回去归葬。刚好苗军反叛，杀了金州、处州守将胡大海、耿再成等，浙东不稳。刘基去到衢州，帮助守将夏毅说服安定了下属各个邑，又和平章邵荣等计划收复处州，动乱于是平定了。方国珍素来害怕刘基，写信吊唁。刘基回信，宣扬太祖的威德，方国珍便入贡。太祖几次写信到刘基家中询问军政大事，刘基条条回答得都很恰当。不久，回南京，太祖正要亲自援救安丰。刘基说：『陈友谅、张士诚正在窥伺我们的空当，不能动呀。』朱元璋不听。陈友谅得到信息，乘机包围了洪都。太祖说：『不听君言，几乎失策。』于是自己带兵救洪都，和陈友谅在鄱阳湖大战，一日交火几十次。太祖坐在胡床督战，刘基在旁侍候，忽然跳起大叫，催促太祖赶快换船。太祖仓促挪到另一只船，还未坐定，陈友谅的炮火已经打中太祖原来坐的船，全船当即破碎。陈友谅站在高处看见了，很高兴。而太祖的船继续前进，汉军全部大惊失色。当时在湖中对峙，三天还未能决定胜负，刘基提出把部队转移到湖口扼制他，在金木相克这天决一胜负，陈友谅败走，死了。以后太祖打败了张士诚，北伐中原，于是完成了帝王大业，大略像刘基所计划的那样。

吴元年，任命刘基为史令，呈上了《戊申大统历》。火星居中，建议太祖下诏令责备自己。大旱，请求处理积压狱中的案件。太祖立即命刘基平反，跟着便下了大雨。刘基因此建议制定法律和规章制度，以制止随意杀人。太祖正想杀人，刘基问他为什么，太祖把自己做的梦告诉他。刘基说：『这是得到土地得到百姓的象征，应该停止杀人以等待。』三天以后，海宁投降。太祖高兴，把全部囚犯都交给刘基释放了。接着拜刘基为御史中丞兼太史令。

太祖即皇帝位，刘基奏请立军卫法。开始规定处州的税粮，按照宋朝的制度每亩加五合，只有青田一个地方命令不要增加，说：『让伯温乡里世世传为美谈吧。』皇帝去汴梁，刘基与左丞相李善长留守。刘基认为宋朝元朝制度法令松弛，所以丢失了天下，现在应该整肃纲纪。命令御史纠察弹劾不要有什么顾忌，宫中警卫官有错误的，都报告皇太子依法惩处，人们都害怕他的严厉。中书省都事李彬被告贪污卖放，应该抵罪，李善长一向和他关系亲密，请求把这案子拖了下来。刘基不听，驰马奏报皇帝。得到批准。正好祈祷降雨，立即斩了他。从此和李善长有矛盾。皇帝回来，李善长控告刘基在祭坛下杀人，不恭敬。那些怨恨刘基的人亦纷纷诬陷他。刚好因为天旱皇帝征求意见，刘基上奏：『已故兵士的妻子都住在另设的营中，一共有几万人，阴气郁结。工匠死了，尸体暴露。投降的吴将吏都被编为军户，这些都有伤祥和之气。』皇帝接受了他的意见，十来天还不下雨，皇帝生气了。正好刘基妻子去世，于是请假回去。当时皇帝正营建中都，又一心要消灭扩廓。刘基临行，上奏说：『凤阳虽然是皇帝故乡，但不是适合建首都的地方。王保保不可轻敌。』不久定西战事失利，竟被扩廓跑去了沙漠，一直成为边疆的祸患。这年冬天，皇帝手诏叙述刘基的功勋门第，召到京师，赏赐非常丰厚，追赠刘基祖父、父亲都是永嘉郡公。几次要加刘基的爵位，刘基坚决推辞不接受。

当初，太祖因为一些事情责罚丞相李善长，刘基说：『李善长是元勋旧臣，能够协调各将领。』皇帝说：『他几次要害你，你还为他讲情吗？我将要拜你为丞相了。』刘基叩头说：『就好像换柱子，需要得到大木，如果把小木捆在一起来充当，马上就会倒塌了。』及至李善长被免职，皇帝想封杨宪为丞相，杨宪和刘基关系一向很好，刘基极力反对，说：『杨宪有丞相的才能，没有宰相的度量。做丞相的心地要像水一样平，以公正的道理来权衡一切，而自己不参与其中，杨宪则不成。』皇帝问汪广洋，说：『他气量狭窄浅薄比杨宪更严重。』又问胡惟庸，说：『譬如驾车的马，害怕他弄坏了车辕呀。』皇帝说：『我的丞相，实在没有能超过先生的。』刘基说：『我对不好的事情过于憎恨，又不耐烦那些琐碎繁难的事，当了会辜负皇上的恩典。只要贤明的君主尽心去探求，天下哪怕没有人才，目前这些人确实没见谁是合适的。』后来杨宪、汪广洋、胡惟庸都失败了。洪武三年，授予弘文馆学士。十一月大封功臣，授予刘基开国翊运守正文臣、资善大夫、上护军，封诚意伯，俸禄二百四十石。第二年赐年老回乡。

皇帝曾经亲手写信询问天象。刘基逐条回答得很仔细而且烧了草稿。大意是说霜雪之后，必定有阳光明媚的春天，现在国家威信已经确立，应该在一定程度上给予宽大。刘基辅佐太祖安定天下，料事如神。但性情刚烈，疾恶如仇，所以和众人有很多矛盾。到了这时回去隐居山中，只饮酒下棋，绝口不谈自己的功劳。县令求见他不成，化装成农民去见刘基。刘基正在洗脚，让从子带他进入茅舍里，煮黍给他吃。县令告诉说：『我是青田知县呀。』刘基吓得赶快起来说自己是老百姓，道歉后走了，终于不再相见。他隐藏自己的踪迹到了这样的程度，然而终究还是被胡惟庸所害。

当初，刘基说瓯、括之间有块空隙的地方，叫作谈洋，南面连接福建边界，是盐盗聚集的地方，方国珍就是从那里开始作乱的，建议设巡检司守卫它。奸徒感到很不方便。刚好茗洋开小差的军士造反，当地的吏隐瞒不报。刘基命长子刘琏上奏了这件事，却没有先向中书省打招呼。胡惟庸当时正以左丞身份掌管中书省的政务，他带着以前的不满，唆使那个吏揭发刘基，说谈洋这个地方有王气，刘基想要来做墓地，老百姓不给，就建议设立巡检来驱赶百姓。皇帝虽然不加罪刘基，但被说得有些心动了，于是停发刘基俸禄。刘基害怕，进京谢罪，并留在京师，不敢回乡。不久，胡惟庸当了宰相，刘基非常忧伤地说：『假使我的话不应验，是天下百姓的福气。』忧愤使他病发。洪武八年三月，皇帝亲自题字赐给他，派使者护送他回去。到家后，病危，把《天文书》交给儿子链说：『赶快呈上去，不要让后人学了。』又对次子璟说：『执政宽严就像循环一样，现在重要的任务在于加强道德修养、减少刑罚，祈祷上天永远保佑。凡是形势险要的地方，应该和京师声势联络。我想写遗表，胡惟庸在，没有用。胡惟庸倒台后皇帝一定想我，有什么要问，就把这个密奏呈上去。』一个月后，刘基去世，享年六十五岁。刘基在京师生病时，胡惟庸领了医生去看他，饮了他的药，有东西积在肚里，就像拳头般大小的石头。后来中丞涂节首先告发胡惟庸要造反，并说是他下了毒药以致刘基死去。

刘基颊上的胡须弯曲，身材高大，慷慨有气节。谈论天下形势时义形于色。皇帝考察他的确很忠诚，作为心腹脊梁一样重用。每次召见刘基，都把人遣走单独和他密谈很久。刘基亦自认为是受到极其难得的待遇，知无不言。遇到紧急困难的时候，勇气奋发，计划马上制订出来，别人很难想象。有空闲的时候便娓娓讲述王道。皇帝总是虚心地听着，常常称他是老先生而不叫他的名字，说：『我的子房呀。』又说：『经常用孔子的话来引导我。』只是帷幄里面的话很秘密，别人不能详细知道，而世上所流传的都很神奇，很多是关于阴阳风水的说法，其实这些对他来说并不是主要的。刘基所写的文章，气魄宏大而出众，和宋濂都是一代众望所归的人，他所著作的书有《覆瓿集》《犁眉公集》在世上流传。儿子叫琏、璟。

魏忠贤列传第一百九十三

魏忠贤，肃宁人。少无赖，与群恶少博，不胜，为所苦，恚而自宫，变姓名曰李进忠。其后乃复姓，赐名忠贤云。忠贤自万历中选入宫，隶太监孙暹，夤缘入甲字库，又求为皇长孙母王才人典膳，谄事魏朝。朝数称忠贤于安，安亦善遇之。长孙乳媪曰客氏，素私侍朝，所谓对食者也。及忠贤入，又通焉。客氏遂薄朝而爱忠贤，两人深相结。光宗崩，长孙嗣立，是为熹宗。忠贤、客氏并有宠。未逾月，封客氏奉圣夫人，荫其子侯国兴、弟客光先及忠贤兄钊俱锦衣千户。忠贤寻自惜薪司迁司礼秉笔太监兼提督宝和三店。忠贤不识字，例不当入司礼，以客氏故，得之。

天启元年诏赐客氏香火田，叙忠贤治皇祖陵功。御史王心一谏，不听。及帝大婚，御史毕佐周、刘兰请遣客氏出外，大学士刘一燝亦言之。帝恋恋不忍舍，曰：『皇后幼，赖媪保护，俟皇祖大葬议之。』忠贤颛客氏，逐魏朝。又忌王安持正，谋杀之，尽斥安名下诸阉。客氏淫而狠。忠贤不知书，颇强记，猜忍阴毒，好谀。帝深信任此两人，两人势益张，用司礼监王体乾及李永贞、石元雅、涂文辅等为羽翼，宫中人莫敢忤。既而客氏出，复召入。御史周宗建、侍郎陈邦瞻、御史马鸣起、给事中侯震旸先后力诤，俱被诘责。给事中倪思辉、朱钦相、王心一复言之，并谪外，尚未指及忠贤也。忠贤乃劝帝选武阉、炼火器为内操，密结大学士沈漼为援。又日引帝为倡优声伎，狗马射猎。刑部主事刘宗周首劾之，帝大怒，赖大学士叶向高救免。

初，神宗在位久，怠于政事，章奏多不省。廷臣渐立门户，以危言激论相尚，国本之争，指斥宫禁。宰辅大臣为言者所弹击，辄引疾避去。吏部郎顾宪成讲学东林书院，海内士大夫多附之，『东林』之名自是始。既而『梃击』『红丸』『移宫』三案起，盈廷如聚讼。与东林忤者，众目之为邪党。天启初，废斥殆尽，识者已忧其过激变生。及忠贤势成，其党果谋倚之以倾东林。而徐大化、霍维华、孙杰首附忠贤，刘一燝及尚书周嘉谟并为杰劾去。然是时叶向高、韩炉方辅政，邹元标、赵南星、王纪、高攀龙等皆居大僚，左光斗、魏大中、黄尊素等在言路，皆力持清议，忠贤未克逞。

二年叙庆陵功，荫忠贤弟侄锦衣卫指挥佥事。给事中惠世扬、尚书王纪论沈漼交通客、魏，俱被谴去。会初夏雨雹，周宗建言雹不以时，忠贤逸慝所致。修撰文震孟、太仆少卿满朝荐相继言之，亦俱黜。

三年春，引其私人魏广微为大学士。令御史郭巩讦宗建、一燝、元标及杨涟、周朝瑞等保举熊廷弼，党邪误国。宗建驳巩受忠贤指挥，御史方大任助宗建攻巩及忠贤，皆不胜。其秋，诏忠贤及客氏子国兴所荫锦衣官并世袭。兵部尚书董汉儒、给事中程注、御史汪泗论交谏，不从。忠贤益无忌，增置内操万人，衷甲出入，恣为威虐。矫诏赐光宗选侍赵氏死。裕妃张氏有娠，客氏谮杀之。又革成妃李氏封。皇后张氏娠，客氏以计堕其胎，帝由此乏嗣。他所害宫嫔冯贵人等，太监王国臣、刘克敬、马鉴等甚众。禁掖事秘，莫详也。是冬，兼掌东厂事。

四年，给事中傅櫆结忠贤甥傅应星为兄弟，诬奏中书汪文言，并及左光斗、魏大中。下文言镇抚狱，将大行罗织。掌镇抚刘侨受叶向高教，止坐文言。忠贤大怒，削侨籍，而以私人许显纯代。是时御史李应升以内操谏，给事中霍守典以忠贤乞祠额谏，御史刘廷佐以忠贤滥荫谏，给事中沈惟炳以立枷谏，忠贤皆矫旨诘责。于是副都御史杨涟愤甚，劾忠贤二十四大罪。疏上，忠贤惧，求解于韩爌。爌不应，遂趋帝前泣诉，且辞东厂，而客氏从旁为剖析，体乾等翼之。帝懵然不辨也。遂温谕留忠贤，而于次日下涟疏，严旨切责。涟既绌，魏大中及给事中陈良训、许誉卿，抚宁侯朱国弼，南京兵部尚书陈道亨，侍郎岳元声等七十余人，交章论忠贤不法。向高及礼部尚书翁正春请遣忠贤归私第以塞谤，不许。

当是时，忠贤愤甚，欲尽杀异己者。顾秉谦因阴籍其所忌姓名授忠贤，使以次斥逐。王体乾复昌言用廷杖，威胁廷臣。未几，工部郎中万燝上疏刺忠贤，立杖死。又以御史林汝翥事辱向高，向高遂致仕去。汝翥亦予杖。廷臣俱大詟。一时罢斥者，吏部尚书赵南星、左都御史高攀龙、吏部侍郎陈于廷及杨涟、左光斗、魏大中等先后数十人，已又逐韩爌及兵部侍郎李邦华。正人去国，纷纷若振槁。乃矫中旨召用例转科道。以朱童蒙、郭允厚为太仆少卿，吕鹏云、孙杰为大理丞，复霍维华、郭兴治为给事中，徐景濂、贾继春、杨维垣为御史，而起徐兆魁、王绍徽、乔应甲、徐绍吉、阮大铖、陈尔翌、张养素、李应荐、李嵩、杨春懋等，为之爪牙。未几，复用拟戍崔呈秀为御史。呈秀乃造《天鉴》《同志》诸录，王绍徽亦造《点将录》，皆以邹元标、顾宪成、叶向高、刘一燝等为魁，尽罗入不附忠贤者，号曰东林党人，献于忠贤。忠贤喜，于是群小益求媚忠贤，攘臂攻东林矣。

初，朝臣争三案及辛亥、癸亥两京察与熊廷弼狱事，忠贤本无预。其党欲藉忠贤力倾诸正人，遂相率归忠贤，称义儿，且云：『东林将害翁。』以故，忠贤欲甘心焉。御史张讷、倪文焕，给事中李鲁生，工部主事曹钦程等，竞搏击善类为报复。而御史梁梦环复兴汪文言狱，下镇抚司拷死。许显纯具爰书，词连赵南星、杨涟等二十余人，削籍遣戍有差。逮涟及左光斗、魏大中、周朝瑞、袁化中、顾大章等六人，至牵入熊廷弼案中，掠治死于狱。又杀廷弼，而杖其姻御史吴裕中至死。又削逐尚书李宗延、张问达，侍郎公鼐等五十余人，朝署一空。而特召亓诗教、刘述祖等为御史，私人悉不次超擢。于是忠贤之党遍要津矣。

当是时，东厂番役横行，所缉访无论虚实辄糜烂。戚臣李承恩者，宁安大长公主子也，家藏公主赐器。忠贤诬以盗乘舆服御物，论死。中书吴怀贤读杨涟疏，击节称叹。奴告之，毙怀贤，籍其家。武弁蒋应阳为廷弼讼冤，立诛死。民间偶语，或触忠贤，辄被擒僇，甚至剥皮、刲舌，所杀不可胜数，道路以目。其年，叙门功，加恩三等，荫都督同知。又荫其族叔魏志德都督佥事。擢傅应星为左都督，且旌其母。而以魏良卿佥书锦衣卫，掌南镇抚司事。

六年二月，卤簿大驾成，荫都督佥事。复使其党李永贞伪为浙江太监李实奏，逮治前应天巡抚周起元及江、浙里居诸臣高攀龙、周宗建、缪昌期、周顺昌、黄尊素、李应升等。攀龙赴水死，顺昌等六人死狱中。苏州民见顺昌逮，不平，殴杀二校尉，巡抚毛一鹭为捕颜佩韦等五人悉诛死。刑部尚书徐兆魁治狱，视忠贤所怒，即坐大辟。又从霍维华言，命顾秉谦等修《三朝要典》，极意诋诸党人恶。御史徐复阳请毁讲学书院，以绝党根。御史卢承钦又请立东林党碑。海内皆屏息丧气。霍维华遂教忠贤冒边功矣。

辽阳男子武长春游妓家，有妄言，东厂擒之。许显纯掠治，故张其辞云：『长春敌间，不获且为乱，赖厂臣忠智立奇勋。』诏封忠贤侄良卿为肃宁伯，赐宅第、庄田，颁铁券。吏部尚书王绍徽请崇其先世，诏赠忠贤四代如本爵。忠贤又矫诏遣其党太监刘应坤、陶文、纪用镇山海关，收揽兵柄。再叙功，荫都督同知，世袭锦衣卫指挥使，各一人。浙江巡抚潘汝桢奏请为忠贤建祠。仓场总督薛贞言草场火，以忠贤救，得无害。于是颂功德者相继，诸祠皆自此始矣。

编修吴孔嘉与宗人吴养春有仇，诱养春仆告其主隐占黄山，养春父子瘐死。忠贤遣主事吕下问、评事许志吉先后往徽州籍其家，株蔓残酷。知府石万程不忍，削发去，徽州几乱。其党都督张体乾诬扬州知府刘铎代李承恩谋释狱，结道士方景阳诅忠贤，铎竟斩。又以睚眦怨，诬新城侯子锦衣王国兴，论斩，并黜主事徐石麒。御史门克新诬吴人顾同寅、孙文豸诔熊廷弼，坐妖言律斩。又逮侍郎王之寀，毙于狱。凡忠贤所宿恨，若韩爌、张问达、何士晋、程注等，虽已去，必削籍，重或充军，死必追赃破其家。或忠贤偶忘之，其党必追论前事，激忠贤怒。

当此之时，内外大权一归忠贤。内竖自王体乾等外，又有李朝钦、王朝辅、孙进、王国泰、梁栋等三十余人，为左右拥护。外廷文臣则崔呈秀、田吉、吴淳夫、李夔龙、倪文焕主谋议，号『五虎』。武臣则田尔耕、许显纯、孙云鹤、杨寰、崔应元主杀僇，号『五彪』。又吏部尚书周应秋、太仆少卿曹钦程等，号『十狗』。又有『十孩儿』『四十孙』之号。而为呈秀辈门下者，又不可数计。自内阁、六部至四方总督、巡抚，遍置死党。心忌张皇后，其年秋，诬后父张国纪纵奴不法，矫中宫旨，冀摇后。帝为致奴法，而诮让国纪。忠贤未慊，复使顺天府丞刘志选、御史梁梦环交发国纪罪状，并言后非国纪女。会王体乾危言沮之，乃止。

其冬，三殿成。李永贞、周应秋奏忠贤功，遂进上公，加恩三等。魏良卿时已晋肃宁侯矣，亦晋宁国公，食禄如魏国公例，再加恩荫锦衣指挥使一人，同知一人。工部尚书薛凤翔奏给赐第。已而太监陶文奏筑喜峰隘口成，督师王之臣奏筑山海城，刑部尚书薛贞奏大盗王之锦狱，南京修孝陵工竣，甘镇奏捷，蕃育署丞张永祚获盗，并言忠贤区画方略。忠贤又自奏三年缉捕功，诏书褒奖。半岁中，所荫锦衣指挥使四人、同知三人、佥事一人。授其侄希孟世袭锦衣同知，甥傅之琮、冯继先并都督佥事，而擢崔呈秀弟凝秀为蓟镇副总兵。名器僭滥，于是为极。其同类尽镇蓟、辽，山西宣、大诸阨要地。总兵梁柱朝、杨国栋等岁时赂名马、珍玩勿绝。

七年春，复以崔文升总漕运，李明道总河道，胡良辅镇天津。文升故侍光宗药，为东林所攻者也。海内争望风献谄，诸督抚大吏阎鸣泰、刘诏、李精白、姚宗文等，争颂德立祠，汹汹若不及。下及武夫、贾竖、诸无赖子亦各建祠。穷极工巧，攘夺民田庐，斩伐墓木，莫敢控愬。而监生陆万龄至请以忠贤配孔子，以忠贤父配启圣公。

初，潘汝祯首上疏，御史刘之待会藁迟一日，即削籍。而蓟州道胡士容以不具建祠文，遵化道耿如杞入祠不拜，皆下狱论死。故天下风靡，章奏无巨细，辄颂忠贤。宗室若楚王华煃，中书朱慎鋆，勋戚若丰城侯李永祚，廷臣若尚书邵辅忠、李养德、曹思诚，总督张我续及孙国桢、张翌明、郭允厚、杨维和、李时馨、汪若极、何廷枢、杨维新、陈维新、陈尔翼、郭如闇、郭希禹、徐溶辈，佞词累牍，不顾羞耻。忠贤亦时加恩泽以报之。所有疏，咸称『厂臣』不名。大学士黄立极、施凤来、张瑞图票旨，亦必曰『朕与厂臣』，无敢名忠贤者。山东产麒麟，巡抚李精白图象以闻。立极等票旨云：『厂臣修德，故仁兽至。』其诬罔若此。前后赐奖敕无算，诰命皆拟九锡文。

是年自春及秋，忠贤冒款汪烧饼、擒阿班歹罗铁等功，积荫锦衣指挥使至十有七人。其族孙希孔、希孟、希尧、希舜、鹏程，姻戚董芳名、王选、杨六奇、杨祚昌，皆至左、右都督及都督同知、佥事等官。又加客氏弟光先亦都督。魏抚民又从锦衣改尚宝卿。而忠贤志愿犹未极，会袁崇焕奏宁远捷，忠贤乃令周应秋奏封其从孙鹏翼为安平伯。再叙三大工功，封从子良栋为东安侯，加良卿太师，鹏翼少师，良栋太子太保。因遍赉诸廷臣，用呈秀为兵部尚书兼左都御史，独绌崇焕功不录。时鹏翼、良栋皆在襁褓中，未能行步也。良卿至代天子飨南北郊，祭太庙。于是天下皆疑忠贤窃神器矣。

帝性机巧，好亲斧锯髹漆之事，积岁不倦。每引绳削墨时，忠贤辈辄奏事。帝厌之，谬曰：『朕已悉矣，汝辈好为之。』忠贤以是恣威福惟己意。岁数出，辄坐文轩，羽幢青盖，四马若飞，铙鼓鸣镝之声，轰隐黄埃中。锦衣玉带靴裤握刀者，夹左右驰，厨传、优伶、百戏、舆隶相随属以万数。百司章奏，置急足驰白乃下。所过，士大夫遮道拜伏，至呼九千岁，忠贤顾盼未尝及也。客氏居宫中，协持皇后，残虐宫嫔。偶出归私第，驺从赫奕照衢路，望若卤簿。忠贤故骏无他长，其党日夜教之，客氏为内主，群凶煽虐，以是毒痛海内。

七年秋八月，熹宗崩，信王立。王素稔忠贤恶，深自儆备，其党自危。杨所修、杨维垣先攻崔呈秀以尝帝，主事陆澄原、钱元悫，员外郎史躬盛遂交章论忠贤。帝犹未发。于是嘉兴贡生钱嘉征劾忠贤十大罪：一并帝，二蔑后，三弄兵，四无二祖列宗，五克削藩封，六无圣，七滥爵，八掩边功，九朘民，十通关节。疏上，帝召忠贤，使内侍读之。忠贤大惧，急以重宝啖信邸太监徐应元求解。应元，故忠贤博徒也。帝知之，斥应元。十一月，遂安置忠贤于凤阳，寻命逮治。忠贤行至阜城，闻之，与李朝钦偕缢死。诏磔其尸，悬首河间。笞杀客氏于浣衣局。魏良卿、侯国兴、客光先等并弃市，籍其家。客氏之籍也，于其家得宫女八人，盖将效吕不韦所为，人尤疾之。

崇祯二年命大学士韩爌等定逆案，始尽逐忠贤党，东林诸人复进用。诸丽逆案者日夜图报复。其后温体仁、薛国观辈相继柄政，潜倾正人，为翻逆案地。帝亦厌廷臣党比，复委用中珰。而逆案中阮大铖等卒肆毒江左，至于灭亡。

【译文】

魏忠贤，肃宁人。年轻时候就是个无赖，和一群品行恶劣的年轻人赌博，输了，被他们搞得很苦，一气之下，自行阉割，化名叫李进忠。后来才复姓魏，皇帝给他赐名忠贤。魏忠贤在万历年间被选入宫，隶属于太监孙暹手下，通过巴结、攀附，调到内十库中的甲字库；又请求给皇帝长孙的母亲王才人主管膳食，对魏朝讨好奉承。魏朝多次对王安讲魏忠贤的好话，王安对魏忠贤也很关心。皇长孙的奶妈叫客氏，一向私自侍奉魏朝，和他相好如夫妇，他们就是宫内所谓的『对食者』。到魏忠贤进宫以后，客氏又和他勾搭上了。终于薄待魏朝而爱魏忠贤，两人关系很深。

光宗去世，长孙继承了皇帝位，就是熹宗，魏忠贤和客氏都得到宠信。不到一个月，封客氏为奉圣夫人，荫庇她的儿子侯国兴、弟弟客光先和魏忠贤的哥哥魏钊都成了锦衣千户。不久，魏忠贤从惜薪司提升为司礼监秉笔太监兼提督宝和三店。魏忠贤不识字，照惯例是没有资格进入司礼监的，完全是因为客氏的关系才得了这个重要的职位。

天启元年，皇帝下诏赐给客氏香火田，讲述魏忠贤治理定陵的功劳。御史王心一进谏，皇帝不听。到皇帝结婚以后，御史毕佐周、刘兰请求把客氏遣送出宫，大学士刘一燝也这样说。皇帝依恋客氏不忍分离，说：『皇后年幼，全靠老太照顾，等皇祖（神宗）的葬礼举行后再说。』魏忠贤独占客氏，赶走魏朝。又怕王安主持正义，谋杀了他，并把王安手下的太监全部排斥掉。客氏是个荒淫而又狠毒的人。魏忠贤不会写字，记性很好，为人猜忌残忍、阴险毒辣，很会讨好拍马。皇帝非常信任这两个人，两个人的势力越来越大，用司礼太监王体乾和李永贞、石元雅、涂文辅等做党羽，宫里的人对他们都不敢冒犯。不久客氏离开了皇宫，又被召回。御史周宗建、侍郎陈邦瞻、御史马鸣起、给事中侯震旸先后极力劝谏，都受到反问、斥责。给事中倪思辉、朱钦相、王心一再次进谏，都被贬到外地，其实他们在指责客氏时还没有涉及魏忠贤。魏忠贤竟然劝皇帝挑选粗壮有力的宦官，制造使用火药的武器，在皇宫内操练，秘密勾结大学士沈潅为帮手。又经常勾引皇帝与唱戏的人、歌伎舞女混在一起，纵狗策马，射箭打猎。刑部主事刘宗周首先弹劾魏忠贤，皇帝大怒，全靠大学士叶向高解救才得免罪。

当初，神宗皇帝在位时间很长，懒于过问国家大事，大部分奏章都不看。朝臣逐渐分成党派，故意做惊人的言辞，激烈的论调，以压倒对方，抬高自己。在争论朱常洛和朱常洵谁应该当皇太子的问题上，指责宫廷。内阁大臣被监察方面的官员弹劾攻击，就说有病辞职走了。吏部郎顾宪成在东林书院讲学，各地读书做官的人多数向他们靠拢，『东林』的名字就是从这儿开始的。不久『梃击』『红丸』『移宫』三件大案发生了，朝廷上沸沸扬扬，好像聚在一起打官司似的。和东林看法不同的人，大家就认为他是邪党。到天启初年，这些和东林有矛盾的人几乎全部被排斥掉，有见识的人已经担心东林党过分激烈的行动会引起变乱。到魏忠贤势力形成后，这些人果然企图依靠他来打倒东林党。徐大化、霍维华、孙杰首先归附魏忠贤，刘一燝和尚书周嘉谟都被孙杰弹劾走了。但这时叶向高、韩炉正辅佐朝政，邹元标、赵南星、王纪、高攀龙等都担任要职，左光斗、魏大中、黄尊素等是谏官，都极力坚持公正的评论，魏忠贤一时未能得逞。

天启二年，评论治理庆陵的功劳，荫封魏忠贤的弟弟、侄子为锦衣卫指挥佥事。而给事中惠世扬、尚书王纪批评沈漼勾结客氏、魏忠贤，都被谴责丢了官。刚巧初夏时下了冰雹，周宗建说这时下雹不合时令，是魏忠贤的谗言和邪恶引来的。接着修撰文震孟、太仆少卿满朝荐也这样说，都被罢了官。

天启三年春天，魏忠贤举荐他的亲信魏广微任大学士。又让御史郭巩攻击周宗建、刘一燝、邹元标和杨涟、周朝瑞等，说他们保举熊廷弼是结党营私，贻误国事。周宗建反驳说郭巩受魏忠贤指挥，御史方大任也帮助周宗建指责郭巩和魏忠贤，都无效。这年秋天，皇帝诏令魏忠贤和客氏的儿子侯国兴所荫封的锦衣官都世袭。兵部尚书董汉儒、给事中程注、御史汪泗论交相进谏，皇帝不接受。魏忠贤更加肆无忌惮，把参加宫内操练的宦官增加到一万人，穿着护甲出入宫廷，恣意耀武扬威。假传圣旨赐光宗的选侍赵氏自杀。裕妃张氏怀孕，客氏说她的坏话使她被杀。又搞掉了成妃李氏的封号。皇后张氏怀孕，客氏用诡计使她流产，皇帝因此没有后代。此外还杀害了宫嫔冯贵人等人，太监王国臣、刘克敬、马鉴等很多人。宫闱内幕是很秘密的，不可能详细知道。这年冬天，魏忠贤又兼管了东厂的事。

天启四年，给事中傅櫆和魏忠贤的外甥傅应星结拜为兄弟，向皇帝诬告中书汪文言，并牵连及左光斗、魏大中。把汪文言关进镇抚司的监狱，准备大量陷害无辜的人。掌管镇抚司的刘侨接受了叶向高的意见，只判了汪文言的罪。魏忠贤大怒，将刘侨革职，换上了自己的亲信许显纯。这时御史李应升对在宫内操练提出劝谏，给事中霍守典就魏忠贤请求给他生祠题匾提出劝谏，御史刘廷佐就魏忠贤任意荫庇提出劝谏，给事中沈惟炳就罚犯人立站笼提出劝谏，魏忠贤都假传圣旨斥责他们。魏忠贤的这些罪行使副都御史杨涟非常愤怒，于是弹劾了魏忠贤二十四条大罪。杨涟的奏疏送给皇帝后，魏忠贤害怕了，请求韩炉解救他。韩炉不予理睬，魏忠贤便走到皇帝跟前哭诉，并且辞去东厂的职务，而客氏从旁为他分辩，王体乾等又替他打掩护。皇帝糊里糊涂不能分辨。于是婉言挽留魏忠贤，而在第二天驳回杨涟的奏疏，严厉地下旨斥责他。杨涟既被贬退，魏大中及给事中陈良训、许誉卿，抚宁侯朱国弼，南京兵部尚书陈道亨，侍郎岳元声等七十余人，纷纷上奏章揭露魏忠贤的罪行。叶向高和礼部尚书翁正春建议把魏忠贤送回他自己在宫外的住宅，以制止群臣的指责，皇帝不允许。

当时，魏忠贤极其气愤，企图把反对自己的人全部杀掉。顾秉谦因此偷偷地开了个魏忠贤所忌讳憎恨的人的名单给他，让他逐步把他们排挤掉。王体乾还公开声言要用廷杖，威胁朝廷官员。过了不久，工部郎中万燝上疏指责魏忠贤，立即被杖打死。又因为御史林汝翥的事侮辱叶向高，叶向高被迫辞官离去，林汝翥也挨了杖打。朝廷官员都非常恐惧。在很短时间内被革职斥逐的，就有吏部尚书赵南星、左都御史高攀龙、吏部侍郎陈于廷及杨涟、左光斗、魏大中等先后数十人，后来又赶走了韩炉和兵部侍郎李邦华。正直的人离开朝廷，就像枯木纷纷抖落一样。于是假传圣旨，凡是被魏忠贤任用的人都转为六科给事中与都察院各道监察御史。用朱童蒙、郭允厚为太仆少卿，吕鹏云、孙杰为大理丞，重新任命霍维华、郭兴治为给事中，徐景濂、贾继春、杨维垣为御史，又起用徐兆魁、王绍徽、乔应甲、徐绍吉、阮大铖、陈尔翌、张养素、李应荐、李嵩、杨春懋等做他的爪牙。接着又用本来已经准备把他发配充军的崔呈秀任御史。崔呈秀便编造《天鉴录》《同志录》等小册子，王绍徽亦造《点将录》，都把邹元标、顾宪成、叶向高、刘一燝等说成头子，把不投靠魏忠贤的人全部列入，称为东林党人，献给魏忠贤。魏忠贤很高兴，于是这群小人更加讨好他，捋袖伸臂地攻击东林了。

当初，朝中官员争论梃击、红丸、移宫三大案件和万历三十九年、天启三年两次考核京官以及熊廷弼案件时，魏忠贤本来是没有参与的。有那么一帮人希望借魏忠贤的势力来打倒那些正派的人，便相继投靠魏忠贤，自称为他的干儿子，并且说：『东林党要害您老人家。』因此，魏忠贤亦乐于和他们搞在一起。御史张讷、倪文焕，给事中李鲁生，工部主事曹钦程等，争相打击东林人来报复。而御史梁梦环还重提汪文言的旧案，把他解到镇抚司拷打死。许显纯炮制供词，把赵南星、杨涟等二十多人牵扯进去，都被革职或流放。逮捕了杨涟和左光斗、魏大中、周朝瑞、袁化中，顾大章六个人，并牵连入熊廷弼的案件中，这些人被折磨死于监狱。又杀了熊廷弼，把他的亲戚御史吴裕中杖打致死。又开除了尚书李宗延、张问达，侍郎公鼐等五十余人，朝廷官署都空了。然后魏忠贤特地召亓诗教、刘述祖等人来当御史，亲信全都越级提升。于是魏忠贤的党羽遍布国家的各个重要部门。

在那个时候，东厂缉捕犯人的差役到处横行，所侦察捉拿到的人，不论有无犯罪，都被打得遍体鳞伤。国戚李承恩是宁安大长公主的儿子，家里放着公主赐给他的东西。魏忠贤诬陷他偷盗皇帝的车辆，佩戴皇帝用的物件，判了死刑。中书吴怀贤读杨涟劾魏忠贤二十四大罪的奏疏时，极为赞赏。家里的奴仆揭发了他，魏忠贤整死了吴怀贤，还没收了他的家产。武官蒋应阳为熊廷弼喊冤，立刻被杀死。老百姓闲谈时，如果触犯魏忠贤，每每被逮捕杀死，杀害人的手段甚至有剥皮、割舌头，被杀死的人无法统计，人们在路上相见仅能以目示意，不敢交谈。这年，评议魏忠贤家族的功劳，加恩三等，荫职都督同知。又荫他的族叔魏志德都督佥事。提升傅应星为左都督，而且旌表他的母亲。任用魏良卿在锦衣卫签发文件，掌管南镇抚司的事。

天启六年二月，皇帝出门的仪仗队成立起来了，荫都督佥事。又指使他的党羽李永贞伪造浙江太监李实的奏本，逮捕法办前任应天巡抚周起元和在江苏、浙江家中居住的官员高攀龙、周宗建、缪昌期、周顺昌、黄尊素、李应升等。高攀龙投水自杀，周顺昌等六人都死在监狱里。苏州老百姓见周顺昌被逮捕，出来抱不平，打死两个校尉，江苏巡抚毛一鹭逮捕了其中的颜佩韦等五人，把他们都杀了。刑部尚书徐兆魁审案，看到是魏忠贤所憎恨的人，马上处以死刑。魏忠贤又听从霍维华的话，命令顾秉谦等编写《三朝要典》，极力诋毁东林党人。御史徐复阳请求拆毁讲学的书院，以铲除东林党人的根基。御史卢承钦又建议树立东林党碑。这时天下的人都只好谨小慎微，垂头丧气。霍维华便进一步教魏忠贤冒认边疆的军功了。

辽阳有一个叫武长春的男子逛娼妓家，胡说八道，东厂把他逮捕了。许显纯拷打他，故意夸大其词说：『武长春是敌人的奸细，如果不捕获他，将要作乱。全靠魏忠贤对皇上的忠心和智谋，建立了特殊的功勋。』皇帝便下诏令封魏忠贤的侄子魏良卿为肃宁伯，赏赐给他上等的房屋、庄田，并发给他铁券。吏部尚书王绍徽建议崇扬魏忠贤的先辈，皇帝下诏追赠魏忠贤前四代像他一样的爵位。魏忠贤又假传圣旨，派遣他的党羽太监刘应坤、陶文、纪用镇守山海关，收揽兵权。再次评功，荫都督同知，世袭锦衣卫指挥使，各一人。浙江巡抚潘汝桢上奏疏，请求为魏忠贤建造生祠。仓场总督薛贞说草场失火，多亏魏忠贤的援救，才未受损失。于是歌功颂德的人接二连三，各处魏忠贤的生祠从此开始兴建了。

编修吴孔嘉和同族的吴养春有仇，引诱吴养春的奴仆告发他的主人偷占黄山，使吴养春父子因饥饿疾病死于狱中。魏忠贤派遣主事吕下问、评事许志吉先后到徽州抄没吴养春的家产，株连亲友极为残酷。知府石万程于心不忍，剃了头去当和尚，徽州几乎大乱。魏忠贤党羽都督张体乾诬陷扬州知府刘铎替李承恩设法出狱，勾结道士方景阳诅咒魏忠贤，竟把刘铎处斩，又因为一点小怨，诬陷新城侯儿子锦衣王国兴，判了死刑，并贬斥了主事徐石麒。御史门克新诬陷江苏人顾同寅、孙文豸写悼念熊廷弼的文章，被判按《明律》妖言惑众条斩死。又逮捕侍郎王之宷，结果死在狱中，凡是魏忠贤过去憎恨的，像韩炉、张问达、何士晋、程注等，虽然已经离开京城，也一定要革职，重的甚至充军，死了的一定要追赃，使他家破产。如果魏忠贤偶然忘记了其中某个人，他的党羽一定要重提过去的事，以激怒魏忠贤。

在这种情况下，朝廷内外大权统统归于魏忠贤。宫内太监除王体乾等，又有李朝钦、王朝辅、孙进、王国泰、梁栋等三十多人在左右拥护他。宫外朝廷中文臣有崔呈秀、田吉、吴淳夫、李夔龙、倪文焕出谋划策，称为『五虎』。武臣则有田尔耕、许显纯、孙云鹤、杨寰、崔应元管屠杀，称为『五彪』。又有吏部尚书周应秋、太仆少卿曹钦程等，称为『十狗』。另外还有『十孩儿』『四十孙』的称号。而投靠崔呈秀之流的人，更是无法统计。从内阁、六部到各地的总督、巡抚，都遍插死党。魏忠贤害怕张皇后，这年秋天，诬陷皇后父亲张国纪纵容家奴犯法，假传皇后的命令，企图用这些加害皇后。皇帝因此给张国纪送去管教家奴的法令，而且谴责他。魏忠贤还不满意，又指使顺天府丞刘志选、御史梁梦环交互揭发张国纪的罪状，并且说张皇后不是张国纪的女儿。这时王体乾指出了这样干的严重后果，加以阻止，才停止了对张国纪和张皇后的迫害。

这年冬天，皇极、建极、中极三大殿建成。李永贞、周应秋奏告皇帝，说是魏忠贤的功劳，于是又晋升上公，加恩三等。魏良卿当时已晋封了肃宁侯，这时也晋封为宁国公，俸禄和魏国公一样，再加恩荫锦衣指挥使一人，同知一人。工部尚书薛凤翔还奏请赐给上好的房子。以后太监陶文奏筑喜峰隘口工程完成，督师王之臣奏筑山海城，刑部尚书薛贞奏大盗王之锦案，南京修筑孝陵工程竣工，在甘镇打了胜仗，蕃育署丞张永祚捕获强盗，都说是魏忠贤制定的方针大计。魏忠贤自己又奏称三年来缉捕的功劳，皇帝颁下诏书给予嘉奖。半年内，魏忠贤得到荫锦衣指挥四人，同知三人，佥事一人。授予他的侄子魏希孟世袭锦衣同知，外甥傅之琮、冯继先都任都督佥事，而提升崔呈秀的弟弟崔凝秀为蓟镇副总兵。爵禄、车服的僭越滥赐，在这里到了极点。魏忠贤的同伙全部镇守了蓟镇、辽东、山西宣府、大同等各个军事要地。总兵梁柱朝、杨国栋等每年贿赂名贵的马、珍奇异宝不断。

天启七年春天，又用崔文升总督漕运，李明道总督河道，胡良辅镇守天津。崔文升就是从前给光宗吃泻药，被东林党所攻击的人。国内到处看风头，争着讨好魏忠贤，各地总督、巡抚大吏阎鸣泰、刘诏、李精白、姚宗文等，争先恐后地为魏忠贤歌功颂德，大建生祠，沸沸扬扬，唯恐落后。下面直至一般武人、商人、奴仆、流氓也各自给他建生祠。这些生祠都盖得极其讲究，霸占了老百姓的耕地房屋，砍伐坟墓上的树木，谁也不敢申诉。而监生陆万龄甚至提出在祭祀孔子时让魏忠贤附祭，祭祀孔子的父亲启圣公时让魏忠贤的父亲附祭。

当初，潘汝祯首先上疏请建生祠，御史刘之待会稿迟了一天，立即被革职。而蓟州道胡士容因为没有写建生祠的文章，遵化道耿如杞进入生祠时没有叩拜，都被抓进了监狱，判了死刑。这样国内就形成一股风气，奏章中不论事情大小，都对魏忠贤歌功颂德。皇族如楚王华煃、中书朱慎鏊，勋臣皇亲如丰城侯李永祚，朝中大臣如尚书邵辅忠、李养德、曹思诚，总督张我续和孙国桢、张翌明、郭允厚、杨维和、李时馨、汪若极、何廷枢、杨维新、陈维新、陈尔翼、郭如闇、郭希禹、徐溶之流，谄媚的词句连篇累牍，不顾羞耻。魏忠贤也常常给他们一些好处来报答他们，所有奏疏，都称魏忠贤为『厂臣』而不写他的名字。大学士黄立极、施凤来、张瑞图代皇帝草拟对奏章的批答时，也都写『朕与厂臣』，谁也不敢称魏忠贤的名字。山东出了麒麟，巡抚李精白画了图形上报。黄立极等草拟圣旨说：『厂臣修养德行好，所以吉祥之兽来到。』他们捏造事实，荒唐竟然到了这样的程度。皇帝前后赐给魏忠贤的诏书不可胜数，赐予魏忠贤爵位的诰命，都用了最高级的赞颂之词。

这年春天到秋天，魏忠贤假冒使汪烧饼归服、捕获阿班歹罗铗等功劳，共计得荫锦衣指挥使在十七人之多。他的族孙魏希孔、魏希孟、魏希尧、魏希舜、魏鹏程，亲戚董芳名、王选、杨六奇、杨祚昌，都做到左、右都督和都督同知、佥事等官。另外又晋升客氏的弟弟客光先，也做了都督，魏抚民又从锦衣改为尚宝卿。但魏忠贤的欲望还未满足，刚好袁崇焕奏报在宁远打了胜仗，魏忠贤便命令周应秋奏请封他的从孙魏鹏翼为安平伯。再次评议建造皇极、中极、建极三大殿的功劳，封魏忠贤的从子魏良栋为东安侯，晋升魏良卿为太师，魏鹏翼为少师，魏良栋为太子太保。并因此大赏朝中各大臣，任崔呈秀为兵部尚书兼左都御史，唯独排除了袁崇焕的功劳。这时魏鹏翼、魏良栋都还是婴孩，还不会走路哩。魏良卿甚至代替天子在南北郊主持拜祭天地的仪式，祭祀帝王的祖庙。于是天下的人都怀疑魏忠贤要篡夺皇帝位了。

皇帝是个伶俐的人，喜欢亲自动手做木工、漆匠之类的活，终年都不厌倦。每当他拉绳测度画线时，魏忠贤之流就来奏事。皇帝讨厌了，胡说：『我已经知道了，你们好好干吧。』魏忠贤因此能随心所欲，放肆地作威作福。每年出去好多次，都坐很华丽的车子，用由羽毛织成的窗帘，青色的顶盖，四匹马跑得很快，铙鼓响箭的声音，在扬起的黄土中轰鸣。身披华丽衣服，腰缠玉带，穿着靴子、套裤，手执佩刀的人，在坐车的两边骑马跟着飞跑。供应食宿和停放车马馆舍的人、戏子、杂技艺人、轿夫、差役，跟随的不下万人。政府各部门的奏章，都安排专门传送急件的人来请示魏忠贤才敢批复。凡经过的地方，官绅士人在路上跪拜，甚至高呼九千岁，魏忠贤连看也不看他们一眼。客氏住在皇宫里，威胁挟持皇后，残酷地虐待宫女、嫔妃。偶然出宫回自己的住宅，骑马的侍从高举辉煌的火把照亮大路，看上去像皇帝出来的仪仗一样。魏忠贤本来是个愚笨的人，没有任何专长，他的党羽日夜教唆他，客氏做阉党的管家婆，这一帮凶神恶煞张牙舞爪，煽惑行虐，成了国家的大毒瘤。

天启七年秋天八月，熹宗死了，信王即帝位。信王一向熟知魏忠贤的罪恶，非常警惕，魏忠贤一伙自知危险了，杨所修、杨维垣首先攻击崔呈秀以试探皇帝，主事陆澄原、钱元悫，员外郎史躬盛便先后上章抨击魏忠贤。皇帝仍然不表态。于是嘉兴贡生钱嘉征弹劾魏忠贤十大罪状：一、和先帝相并列；二、危害皇后；三、大搞宫内操练；四、目无高祖、成祖和皇帝其他祖先；五、克扣削减对藩王的封赠；六、目无圣人；七、滥受爵位；八、掩盖了边疆将士的功劳；九、搜刮老百姓；十、行贿、拉关系说人情。奏疏上呈皇帝后，皇帝把魏忠贤召来，让太监读给他听。魏忠贤非常害怕，急忙以极贵重的珍宝，引诱原来在信王邸跟随皇帝的太监徐应元解救他。徐应元，过去是魏忠贤的赌友。皇帝知道后，斥责了徐应元。十一月，将魏忠贤安置到凤阳，不久下令逮捕法办。魏忠贤在去凤阳的途中，刚走到阜城，听到风声后，和李朝钦一同吊死了。皇帝下令碎割他的尸体，把头砍下来，悬挂在河间示众。把客氏鞭死在浣衣局，魏良卿、侯国兴、客光先等都被拉到闹市杀掉，暴尸街头。抄没了他们的家产。查抄客氏的时候，在她家搜出八个宫女，原来她正准备仿效当年吕不韦的行径，人们对此特别憎恨。

崇祯二年，命大学士韩圹等审定这起叛逆案件，才把魏忠贤的党羽全部赶走，重新起用东林党人。那些跟逆案有关联的人日夜企图报复。以后温体仁、薛国观之流相继把持朝政，阴谋诬陷东林党人，为翻逆案做准备。皇帝亦讨厌大臣们结党营私，又再信用太监。而逆案中阮大铖等人始终搞门户之见，流毒南明弘光小朝廷，直至南明灭亡。

李自成列传第一百九十七

李自成，米脂人，世居怀远堡李继迁寨。父守忠，无子，祷于华山，梦神告曰：『以破军星为若子。』已，生自成。幼牧羊于邑大姓艾氏，及长，充银川驿卒。善骑射，斗很无赖，数犯法。知县晏子宾捕之，将置诸死，脱去为屠。天启末，魏忠贤党乔应甲为陕西巡抚，朱童蒙为延绥巡抚，贪黩不诘盗，盗由是始。

崇祯元年，陕西大饥，延绥缺饷，固原兵劫州库。白水贼王二，府谷贼王嘉胤，宜川贼王左挂、飞山虎、大红狼等，一时并起。有安塞马贼高迎祥者，自成舅也，与饥民王大梁聚众应之。迎祥自称闯王，大梁自称大梁王。二年春，诏以杨鹤为三边总督，捕之。参政刘应遇击斩王二、王大梁，参政洪承畴击破王左挂，贼稍稍惧。会京师戒严，山西巡抚耿如杞勤王兵哗而西，延绥总兵吴自勉、甘肃巡抚梅之焕勤王兵亦溃，与群盗合。延绥巡抚张梦鲸恚死，承畴代之，召故总兵杜文焕督延绥、固原兵，便宜剿贼。

三年，王左挂、王子顺、苗美等战屡败，乞降。而王嘉胤掠延安、庆阳间，杨鹤抚之，不听，从神木渡河犯山西。是时，秦地所征曰新饷，曰均输，曰间架，其目日增，吏因缘为奸，民大困。以给事中刘懋议，裁驿站，山、陕游民仰驿糈者，无所得食，俱从贼，贼转盛。兵部郎中李继贞奏曰：『延民饥，将尽为盗，请以帑金十万振之。』帝不听。而嘉胤已袭破黄甫川、清水、木瓜三堡，陷府谷、河曲。又有神一元、不沾泥、可天飞、郝临菴、红军友、点灯子、李老柴、混天猴、独行狼诸贼，所在蜂起，或掠秦，或东入晋，屠陷城堡。官兵东西奔击，贼或降或死，旋灭旋炽。延安贼张献忠亦聚众据十八寨，称八大王。

四年，孤山副将曹文诏破贼河曲，王嘉胤遁去。已，复自岳阳突犯泽、潞，为左右所杀，其党共推王自用号紫金梁者为魁。自用结群贼老回回、曹操、八金刚、扫地王、射塌天、阎正虎、满天星、破甲锥、邢红狼、上天龙、蝎子块、过天星、混世王等及迎祥、献忠共三十六营，众二十余万，聚山西。自成乃与兄子过往从迎祥，与献忠等合，号闯将，未有名。杨鹤抚贼不效被逮，洪承畴代鹤，张福臻代承畴，督诸将曹文诏、杨嘉谟剿贼，所向克捷，陕地略定。而山西贼大盛，剽掠宁乡、石楼、稷山、闻喜、河津间。

五年，贼分道四出，连陷大宁、隰州、泽州、寿阳诸州县，全晋震动。乃罢巡抚宋统殷，以许鼎臣代之，与宣大总督张宗衡分督诸将。宗衡督虎大威、贺人龙、左良玉等兵八千人，驻平阳，责以平阳、泽、潞四十一州县。鼎臣督张应昌、颇希牧、艾万年兵七千人，驻汾州，责以汾、太、沁、辽三十八州县。贼亦转入磨盘山，分众为三：阎正虎据交城、文水，窥太原；邢红狼、上天龙据吴城，窥汾州；自用、献忠突沁州、武乡，陷辽州。

六年春，官兵共进力击。自用惧，乞降于故锦衣佥事张道浚。约未定，阳和兵袭之。贼怒，败约去。会总兵官曹文诏率陕西兵至，偕诸将猛如虎、虎大威、颇希牧、艾万年、张应昌等合剿，屡战皆大克，前后杀混世王、满天星、姬关锁、翻山动、掌世王、显道神等，破自用、献忠、老回回、蝎子块、扫地王诸贼。其后，自用又为川将邓玘射杀之。山西三大盗俱败。

初，贼之破泽州也，分其众，南逾太行，掠济源、清化、修武，围怀庆。官军击之，贼遁走。别贼复阑入西山，大掠顺德、真定间。大名道卢象升力战却贼。贼自邢台摩天岭西下，抵武安，败总兵左良玉，河北三府焚劫殆遍。潞王上疏告急，兼请卫凤、泗陵寝。诏特遣总兵倪宠、王朴率京营兵六千人，与诸将并进。贼闻之，欲从河内走太行。文诏邀击之，不敢进。

贼之败于山西者，亦奔河北合营，迎祥、自成、献忠、曹操、老回回等俱至。京兵蹙其后，左良玉、汤九州等扼其前，连战于青店、石冈、石坡、牛尾、柳泉、猛虎村，屡败之。贼欲逸，阻于河，大困。贼素畏文诏、道浚，道浚先坐事遣戍，文诏转战秦、晋、河北，遇贼辄大克，御史复劾其骄倨，调大同总兵去。贼遂诡辞乞降，监军太监杨进朝信之，为入奏。会天寒河冰合，贼突从毛家寨策马径渡。河南诸军无扼河者，贼遂连陷渑池、伊阳、卢氏三县。河南巡抚玄默率诸将盛兵待之，贼窜入卢氏山中，由间道直走内乡，掠郧阳，又分掠南阳、汝宁，入枣阳、当阳，逼湖广。巡抚唐晖敛兵守境。犯归、巴、夷陵等处，破夔州，攻广元，逼四川，所在告急。

七年春，特设山、陕、河南、湖广、四川总督，专办贼，以延绥巡抚陈奇瑜为之，以卢象升抚治郧阳，为奇瑜破贼延水关有威名，而象升历战阵知兵也。于是奇瑜自均州入，与象升并进，师次乌林关，斩贼数千级。贼走汉南，奇瑜以湖广不足忧，引兵西击。

始，贼自渑池渡河，高迎祥最强，自成属焉。及入河南，自成与兄子过结李牟、俞彬、白广恩、李双喜、顾君恩、高杰等自为一军。过、杰善战，君恩善谋。及奇瑜兵至，献忠等奔商、雒，自成等陷于兴安之车箱峡。会大雨两月，马乏刍多死，弓矢皆脱，自成用君恩计，贿奇瑜左右，诈降。奇瑜意轻贼，许之，檄诸将按兵毋杀，所过州县为具糗传送。贼甫渡栈，即大噪，尽屠所过七州县。而略阳贼数万亦来会，贼势愈张。奇瑜坐削籍，而自成名始著矣。

已，洪承畴代奇瑜，李乔巡抚陕西，吴甡巡抚山西。大学士温体仁谓甡曰：『流贼癣疥疾，勿忧也。』未几，西宁兵变，承畴甫受命而东，闻变遽返。迎祥、自成遂入巩昌、平凉、临洮、凤翔诸府数十州县。败贺人龙、张天礼军，杀固原道陆梦龙。围陇州四十余日，承畴檄总兵左光先与人龙合击，大破之。会朝廷亦命豫、楚、晋、蜀兵四道入陕，迎祥、自成遂窜入终南山。已而东出，陷陈州、灵宝、汜水、荥阳。闻左良玉将至，移壁梅山、溱水间。部贼拔上蔡，烧汝宁郛。乃命承畴出关追贼，与山东巡抚朱大典并力击，贼侦知之。

八年正月大会于荥阳。老回回、曹操、革裹眼、左金王、改世王、射塌天、横天王、混十万、过天星、九条龙、顺天王及迎祥、献忠共十三家七十二营，议拒敌，未决。自成进曰：『一夫犹奋，况十万众乎！官兵无能为也。宜分兵定所向，利钝听之天。』皆曰：『善。』乃议革里眼、左金王当川、湖兵，横天王、混十万当陕兵，曹操、过天星扼河上，迎祥、献忠及自成等略东方，老回回、九条龙往来策应。陕兵锐，益以射塌天、改世王。所破城邑，子女玉帛惟均。众如自成言。

先是，南京兵部尚书吕维祺惧贼南犯，请加防凤阳陵寝，不报。及迎祥、献忠东下，江北兵单，固始、霍丘俱失守。

贼燔寿州，陷颍州，知州尹梦鳌、州判赵士宽战死，杀故尚书张鹤鸣。乘胜陷凤阳，焚皇陵，留守署正朱国相等皆战死。事闻，帝素服哭，遣官告庙。逮漕运都御史杨一鹏弃市，以朱大典代之，大征兵讨贼。贼乃大书帜曰古元真龙皇帝，合乐大饮。自成从献忠求皇陵监小阉善鼓吹者，献忠不与。自成怒，偕迎祥西趋归德，与曹操、过天星合，复入陕西。献忠独东下卢州。

承畴方驰至汝州，命诸将左良玉、汤九州、尤世威、徐来朝、陈永福、邓玘、张应昌分扼湖广、河南、郧阳诸关隘，召曹文诏为中军。文诏未至，玘以兵乱死。迎祥、自成从终南山出，大掠富平、宁州。老回回、献忠、曹操、蝎子块、过天星诸贼，闻承畴出关，先后皆走陕西，焚掠西安、平凉、凤翔诸郡。承畴亟还救，分遣诸将击老回回等，令副总兵刘成功、艾万年击迎祥、自成于宁州。万年中伏战死，文诏怒，复击之，亦中伏战死。群贼乘胜掠地，火照西安城中。承畴力御之泾阳、三原间，决死战，贼不得过。献忠、老回回等由他道转突朱阳关，守关将徐来臣军溃死，尤世威中箭遁。于是群贼皆出关，分十三营东犯，而迎祥、自成独留陕西。

时卢象升已改湖广巡抚，总理直隶、河南、山东、四川、湖广诸军务。诏承畴督关中，象升督关外。贼亦分兵，迎祥略武功、扶风以西，自成略富平、固州以东。承畴遣将追自成，小捷，至醴泉。贼将高杰通于自成妻邢氏，惧诛，挟之来降。承畴身追自成，大战渭南、临潼，自成大败东走。迎祥亦屡败，东逾华阴南原，绝岭，偕自成出朱阳关，与献忠合。冬十一月，群贼薄阌乡，左良玉、祖宽御之不克，遂陷陕州，进攻雒阳。河南巡抚陈必谦督良玉、宽援雒阳，献忠走嵩、汝。迎祥、自成走偃师、巩县，略鲁山、叶县，陷光州。象升击败之确山。

九年春，迎祥、自成攻卢州，不拔。陷含山、和州，杀知州黎弘业及在籍御史马如蛟等。又攻滁州，知州刘大巩、太仆卿李觉斯坚守不下。象升亲督祖宽、罗岱、杨世恩等来援，战于朱龙桥，贼大败，尸咽水不流。北攻寿州，故御史方震孺坚守。折而西，入归德，边将祖大乐破之。走密、登封，故总兵汤九州战死。分道犯南阳、裕州，必谦援南阳，象升援裕，令大乐等击贼，杀迎祥、自成精锐几尽。贼复分兵再入陕，迎祥由郧、襄趋兴安、汉中，自成由南山逾商、雒，走延绥，犯巩昌北境。诸将左光先、曹变蛟破之，自成走环县。未几，官军败于罗家山，尽亡士马器仗，总兵官俞冲霄被执。自成势复振，进围绥德，欲东渡河，山西兵遏之。复西掠米脂，呼知县边大绶，曰：『此吾故乡也，勿虐我父老。』遗之金，令修文庙。将袭榆林，河水骤长，贼淹死甚众，乃改道，从韩城而西。

时象升及大乐、宽等皆入援京师。孙传庭新除陕西巡抚，锐意灭贼。秋七月，擒迎祥于盩厔，献俘阙下，磔死。于是贼党乃共推自成为闯王矣。是月，犯阶、徽。未几，出汧、陇，犯凤翔，渡渭河。

十年犯泾阳、三原。蝎子块、过天星俱来会。传庭督变蛟连战七日，皆克，蝎子块降。自成与过天星奔秦州。入蜀，陷宁羌，破七盘关，陷广元，总兵官侯良柱战死，遂连陷昭化、剑州、梓潼、江油、黎雅、青川等州县。剑州知州徐尚卿、吏目李英俊、昭化知县王时化、郫县主簿张应奇、金堂典史潘梦科皆死。进攻成都，七日不克，巡抚王维章坐避贼征。

十一年春，官军败贼梓潼，自成奔白水，食尽。承畴、传庭合击于潼关原，大破之。自成尽亡其卒，独与刘宗敏、田见秀等十八骑溃围，窜伏商、洛山中。其年，献忠降，自成势益衰。承畴改蓟辽总督，传庭改保定总督。传庭以疾辞，逮下狱。二人去，自成稍得安。总理熊文灿方主抚，谍者或报自成死，益宽之。

十二年夏，献忠反谷城。自成大喜，出收众，众复大集。陕西总督郑崇俭发兵围之，令曰『围师必缺』。自成乃由缺走，突武关，往依献忠。献忠欲图之，觉，遁去。杨嗣昌督师夷陵，檄令降，自成出谩语。官军围自成于巴西、鱼复诸山中，自成大困，欲自经，养子双喜劝而止。贼将多出降。刘宗敏者，蓝田锻工也，最骁勇，亦欲降。自成与步入丛祠，顾而叹曰：『人言我当为天子，盍卜之，不吉，断我头以降。』宗敏诺，三卜三吉。宗敏还，杀其两妻，谓自成曰：『吾死从君矣。』军中壮士闻之，亦多杀妻子愿从者。自成乃尽焚辎重，轻骑由郧、均走河南。河南大旱，斛谷万钱，饥民从自成者数万。遂自南阳出，攻宜阳，杀知县唐启泰。攻永宁，杀知县武大烈，戕万安王采锃。攻偃师，知县徐日泰骂贼死。时十三年十二月也。

自成为人高颧深頞，鸱目曷鼻，声如豺。性猜忍，日杀人刖足剖心为戏。所过，民皆保坞堡不下。杞县举人李信者，逆案中尚书李精白子也，尝出粟振饥民，民德之曰：『李公子活我。』会绳伎红娘子反，掳信，强委身焉。信逃归，官以为贼，囚狱中。红娘子来救，饥民应之，共出信。卢氏举人牛金星磨勘被斥，私入自成军为主谋，潜归，事泄坐斩，已，得末减。二人皆往投自成，自成大喜，改信名曰岩。金星又荐卜者宋献策，长三尺余，上谶记云：『十八子，主神器。』自成大悦。岩因说曰：『取天下以人心为本，请勿杀人，收天下心。』自成从之，屠戮为减。又散所掠财物振饥民。民受饷者，不辨岩、自成也，杂呼曰：『李公子活我。』岩复造谣词曰：『迎闯王，不纳粮。』使儿童歌以相煽，从自成者日众。

十四年正月攻河南，有营卒勾贼，城遂陷，福王常洵遇害。自成兵汋王血，杂鹿醢尝之，名『福禄酒』。王世子由崧裸而逃。自成发王邸金振饥民，遂移攻开封。时张献忠亦陷襄阳，戕襄王翊铭。王开封者周王恭枵，闻贼至，急发库金募死士，与巡抚都御史高名衡等固守。自成攻七昼夜，解去，屠密县。贼魁罗汝才、土寇袁时中皆归自成。时中众二十万，号小袁营。汝才即曹操，与献忠同降复叛去者也。

自成初为迎祥裨将，至是势大盛。帝以故尚书傅宗龙为陕西总督，使专办自成，别敕保定总督杨文岳会师。宗龙驰入关，与巡抚汪乔年调兵，兵已发尽，乃檄河南大将李国奇、贺人龙兵隶部下，亟出关。文岳率虎大威军俱至新蔡，与自成遇。人龙卒先奔，国奇、大威继之，宗龙、文岳以亲军筑垒自固。夜，文岳兵溃奔陈州，宗龙与贼持数日，食尽，突围走，被执死。自成陷叶县，杀副将刘国能，遂围左良玉于郾城。乔年代宗龙总督，出关，次襄城，自成尽锐攻之，乔年与副将李万庆皆死。自成劓刖诸生百九十人。遂乘胜陷南阳、邓州十四城，再围开封。巡抚名衡、总兵陈永福力拒之，射中自成目，炮殪上天龙等，自成益怒。

自成每攻城，不用古梯冲法，专取瓴甋，得一砖即归营卧，后者必斩。取砖已，即穿穴穴城。初仅容一人，渐至百十，次第傅土以出。过三五步，留一土柱，系以巨絙。穿毕，万人曳絙一呼，而柱折城崩矣。名衡于城上凿横道，听其下有声，用毒秽灌之，多死。贼乃即城坏处用火攻法，实药瓮中，火燃药发，当者辄糜碎，名曰放迸。

十五年正月，城半圮，贼用放迸法攻之，铁骑数千驰噪，伺城颓即拥入城。城故宋汴都，金人所重筑也。厚数丈，土坚，火外击，贼骑多歼，自成骇而去。南陷西华，寻屠陈州，副使关永杰、知州侯君擢皆骂贼死。归德、睢州、宁陵、太康数十郡县，悉残毁。商丘知县梁以樟创死复苏，全家歼焉。

已，复攻开封，筑长围为持久计。诏起孙传庭为总督，释故尚书侯恂命督师，召左良玉援开封。良玉至朱仙镇，大败，奔襄阳。诸军皆屯河北，不敢进。开封食尽。山东总兵刘泽清亦奉诏至。传庭知开封急，大会诸将西安，亟出关来救。未至，名衡等议决朱家寨口河灌贼，贼亦决马家口河欲灌城。秋九月癸未，天大雨，二口并决，声如雷，溃北门入，穿东南门出，注涡水。城中百万户皆没，得脱者惟周王、妃、世子及抚按以下不及二万人。贼亦漂没万余，乃拔营西南去。

先是，有马守应称老回回、贺一龙称革里眼，贺锦称左金王、刘希尧称争世王、蔺养成称乱世王者，皆附自成，时号『革左五营』。自成乃西迎传庭兵，遇于南阳，传庭军溃走，豫人所谓柿园之败也。是时大清兵南侵，京师方告急，朝廷不暇复讨贼。自成乃收群贼，连营五百余里，再屠南阳，进攻汝宁。总兵虎大威中炮死，杨文岳被杀。自成乃胁崇王由横使从军，遂由确山、信阳、泌阳向襄阳。左良玉望风南走，自成入襄阳。分徇属城及德安诸州县，皆下，再破夷陵、荆门州。自成自攻荆州，湘阴王俨钘遇害，烧献陵木城，穿毁宫殿。

十六年春陷承天。将发献陵，有声震山谷，惧而止。旁掠潜山、京山、云梦、黄陂、孝感等州县，皆下。先驱逼汉阳，良玉走九江。攻郧阳，抚治都御史徐起元及王光恩力守不下。光恩，贼反正者也。

自成自号奉天倡义大元帅，号罗汝才代天抚民威德大将军。分其众，曰标营，领兵百队；曰先、后、左、右营，各领兵三十余队。标营白帜黑纛，自成独白鬃大纛银浮屠；左营帜白，右绯，前黑，后黄，纛随其色。五营以序直昼夜，次第休息，巡徼严密。逃者谓之落草，磔之。收男子十五以上、四十以下者为兵。精兵一人，主刍、掌械、执爨者十人。军令不得藏白金，过城邑不得室处，妻子外不得携他妇人。寝兴悉用单布幕。绵甲厚百层，矢炮不能入。一兵倅马三四匹，冬则以茵褥籍其蹄。剖人腹为马槽以饲马，马见人，辄锯牙思噬若虎豹。军止，即出较骑射，曰站队。

夜四鼓，蓐食以听令。所过崇冈峻坂，腾马直上。水惟惮黄河，若淮、泗、泾、渭，则万众翘足马背，或抱鬣缘尾，呼风而渡，马蹄所蹔阏，水为不流。临阵，列马三万，名三堵墙。前者返顾，后者杀之。战久不胜，马兵佯败诱官兵，步卒长枪三万，击刺如飞，马兵回击，无不大胜。攻城，迎降者不杀，守一日杀十之三，二日杀十之七，三日屠之。凡杀人，束尸为燎，谓之打亮。城将陷，步兵万人环堞下，马兵巡徼，无一人得免。献忠虽至残忍，不逮也。诸营较所获，马骡者上赏，弓矢铅铳者次之，币帛又次之，珠玉为下。

自成不好酒色，脱粟粗粝，与其下共甘苦。汝才妻妾数十，被服纨绮，帐下女乐数部，厚自奉养，自成尝嗤鄙之。汝才众数十万，用山西举人吉珪为谋主。自成善攻，汝才善战，两人相须若左右手。自成下宛、叶，克梁、宋，兵强士附，有专制心，顾独忌汝才。乃召汝才所善贺一龙宴，缚之，晨以二十骑斩汝才于帐中，悉兼其众。

自成在中州，所略城辄焚毁之。及渡汉江，谋以荆、襄为根本，改襄阳曰襄京，修襄王宫殿居之。改禹州曰均平府，承天府曰扬武州，他府县多所更易。

牛金星教以创官爵名号，大行署置。自成无子，兄子过及妻弟高一功，迭居左右，亲信用事。田见秀、刘宗敏为权将军，李岩、贺锦、刘希尧等为制将军，张鼐、党守素等为威武将军，谷可成、任维荣等为果毅将军，凡五营二十二将。又置上相、左辅、右弼、六政府侍郎、郎中、从事等官。要地设防御使，府曰尹，州曰牧，县曰令。封崇王由横襄阳伯、邵陵王在城枣阳伯、保宁王绍圯宣城伯、肃宁王术桵顺义伯。以张国绅为上相，牛金星为左辅，来仪为右弼。国绅，安定人，尝官参政。既降，献文翔凤妻邓氏以媚自成。自成恶其伤同类，杀之，而归邓氏于其家。六政府侍郎则石首喻上猷、江陵萧应坤、招远杨永裕、米脂李振声、江陵邓岩忠、西安姚锡胤，寻以宣城丘之陶代振声为兵政府侍郎。其余受伪职者甚众，不具载。

使高一功、冯雄守襄阳，任继光守荆州，蔺养成、牛万才守夷陵，王文曜守沣州，白旺守安陆，萧云林守荆门，谢应龙守汉川，周凤梧守禹州。于是河南、湖广、江北诸贼莫不听命。自成既杀汝才、一龙，又袭杀养成，夺守应兵，击杀袁时中于杞县。献忠方据武昌，自成遣使贺，且胁之曰：『老回回已降，曹操辈诛死，行及汝矣。』献忠大惧，南入长沙。

当是时，十三家七十二营诸大贼，降死殆尽，惟自成、献忠存，而自成独劲，遂自称曰新顺王。集牛金星等议兵所向。金星请先取河北，直走京师。杨永裕请下金陵，断燕都粮道。从事顾君恩曰：『金陵居下流，事虽济，失之缓。直走京师，不胜，退安所归，失之急。关中，大王桑梓邦也，百二山河，得天下三分之二，宜先取之，建立基业。然后旁略三边，资其兵力，攻取山西，后向京师，庶几进战退守，万全无失。』自成从之。

传庭之败于柿园而归陕也，大治兵，制火车二万辆，募壮士，使白广恩、高杰将，欲俟贼饥而击之。朝议日督战，不得已出关。以牛成虎、卢光祖为前锋，由灵宝入洛。高杰为中军，檄广恩从新安来会。河南将陈永福守新滩，四川将秦翼明出商、洛，为掎角。前锋败贼渑池，至宝丰，再拔其城。次郏，自成率万骑还战，复大败，几被擒。会天大雨，道泞，粮车不进。自成遣轻骑出汝州，要截粮道。传庭乃分军三，令广恩从大道，令高杰亲随从间道，迎粮，令永福守营。传庭既行，永福兵亦争发，不可禁，遂为贼所蹑。至南阳，传庭还战，贼阵五重，官军克其三。已而稍却，火车奔，骑兵亦大奔。贼纵铁骑践之，传庭大败。自成空壁追，一日夜逾四百里，官军死者四万余人，失兵器辎重数十万。传庭奔河北，转趋潼关，气败沮不复振。

冬十月，自成陷潼关，传庭死，遂连破华阴、渭南、华、商、临潼。进攻西安，宁将王根子开东门纳贼。自成执秦王存枢以为权将军，永寿王谊沉为制将军。巡抚冯师孔以下死者十余人，布政使陆之祺等俱降。自成大掠三日，下令禁止。改西安曰长安，称西京。赐顾君恩女乐一部，赏入关策也。大发民，修长安城，开驰道。自成每三日亲赴教场校射，百姓望见黄龙纛，咸伏地呼万岁。诸将白广恩、高汝利、左光先、梁甫先后皆降。陈永福以先射中自成目，保山巅不敢下，自成折箭为誓，招之，亦降。惟高杰以窃自成妻走延安，为李过所追，折而东，渡宜川，绝蒲津以守。

自成兵所至风靡，乃诣米脂祭墓。向为官军所发，焚弃遗骴，筑土封之。求其宗人，赠金封爵以去。改延安府曰天保府，米脂曰天保县，清涧曰天波府。凤翔不下，屠之。始，自成入陕西，自谓故乡，毋有侵暴，未一月抄掠如故，又以士大夫必不附己，悉索诸荐绅，搒掠征其金，死者瘗一穴。榆林故死守，李过等不能克，自成大发兵攻陷之。副使都任，总兵王世国、尤世威等，俱不屈死。乘胜取宁夏，屠庆阳，执韩王亶増。移攻兰州，甘肃巡抚林日瑞等亦死。进陷西宁，于是肃州、山丹、永昌、镇番、庄浪皆降，陕西地悉归自成。又遣贼渡河，陷平阳，杀宗室三百余人。高杰奔泽州。诏以余应桂总督三边，收边兵剿贼，然全陕已没，应桂不能进。

十七年正月庚寅朔，自成称王于西安，僭国号曰大顺，改元永昌，改名自晟。追尊其曾祖以下，加谥号，以李继迁为太祖。设天佑殿大学士，以牛金星为之。增置六政府尚书，设弘文馆、文谕院、谏议、直指使、从政、统会、尚契司、验马寺、知政使、书写房等官。以乾州宋企郊为吏政尚书，平湖陆之祺为户政尚书，真宁巩焴为礼政尚书，归安张嶙然为兵政尚书。复五等爵，大封功臣，侯刘宗敏以下九人，伯刘体纯以下七十二人，子三十人，男五十五人。定军制。有一马儳行列者斩之，马腾入田苗者斩之。籍步兵四十万、马兵六十万。兵政侍郎杨王休为都肄，出横门，至渭桥，金鼓动地。令弘文馆学士李化鳞等草檄驰谕远近，指斥乘舆。是日，大风霾，黄雾四塞。事闻，帝大惊，召廷臣议。大学士李建泰请督师，帝许之。

时山西自平阳陷，河津、稷山、荥河皆陷，他府县多望风送款。二月，自成渡河，破汾州，徇河曲、静乐，攻太原，执晋王求桂，巡抚蔡懋德死之。北徇忻、代，宁武总兵周遇吉战死。自成先遣游兵入故关，掠大名、真定而北。身率众贼并边东犯，陷大同，巡抚卫景瑗、总兵朱三乐死。自成杀代王传𤓰，代藩宗室殆尽。犯宣府，总兵姜瓖迎降，巡抚朱之冯死。遂犯阳和，由柳沟逼居庸，总兵官唐通、太监杜之秩迎降。

三月十三日焚昌平，总兵官李守鑅死。始，贼欲侦京师虚实，往往阴道人辇重货，贾贩都市，又令充部院诸掾吏，探刺机密。朝廷有谋议，数千里立驰报。及抵昌平，兵部发骑探贼，贼辄勾之降，无一还者。贼游骑至平则门，京师犹不知也。十七日，帝召问群臣，莫对，有泣者。俄顷贼环攻九门，门外先设三大营，悉降贼。京师久乏饷，乘障者少，益以内侍。内侍专守城事，百司不敢问。

十八日，贼攻益急，自成驻彰义门外，遣降贼太监杜勋缒入见帝，求禅位。帝怒，叱之下，诏亲征。日暝，太监曹化淳启彰义门，贼尽入。帝出宫，登煤山，望烽火彻天，叹息曰：『苦我民耳。』徘徊久之，归乾清宫，令送太子及永王、定王于戚臣周奎、田弘遇第，剑击长公主，趣皇后自尽。十九日丁未，天未明，皇城不守，鸣钟集百官，无至者。乃复登煤山，书衣襟为遗诏，以帛自缢于山亭，帝遂崩。太监王承恩缢于侧。

自成毡笠缥衣，乘乌驳马，入承天门，伪丞相牛金星，尚书宋企郊、喻上猷，侍郎黎志升、张嶙然等骑而从。登皇极殿，据御座，下令大索帝后，期百官三日朝见。文臣自范景文、勋戚自刘文炳以下，殉节者四十余人。宫女魏氏投河，从者二百余人。象房象皆哀吼流泪。太子投周奎家，不得入，二王亦不能匿，先后拥至，皆不屈，自成羁之宫中。长公主绝而复苏，舁至，令贼刘宗敏疗治。

已，乃知帝后崩，自成命以宫扉载出，盛柳棺，置东华门外，百姓过者皆掩泣。越三日己酉，昧爽，成国公朱纯臣、大学士魏藻德率文武百官入贺，皆素服坐殿前。自成不出，群贼争戏侮，为椎背、脱帽，或举足加颈，相笑乐，百官慑伏不敢动。太监王德化叱诸臣曰：『国亡君丧，若曹不思殡先帝，乃在此耶！』因哭，内侍数十人皆哭，藻德等亦哭。顾君恩以告自成，改殓帝后，用衮冕袆翟，加苇厂云。大学士陈演劝进，不许。封太子为宋王。放刑部、锦衣卫系囚。

自成自居西安，建置官吏，至是益尽改官制。六部曰六政府，司官曰从事，六科曰谏议，十三道曰直指使，翰林院曰弘文馆，太仆寺曰验马寺，巡抚曰节度使，兵备曰防御使，知府州县曰尹、曰牧、曰令。召见朝官，自成南向坐，金星、宗敏、企郊等左右杂坐，以次呼名，分三等授职。自四品以下少詹事梁绍阳、杨观光等无不污伪命，三品以上独用故侍郎侯恂。其余勋戚、文武诸臣奎、纯臣、演、藻德等共八百余人，送宗敏等营中，拷掠责赇赂，至灼肉折胫，备诸惨毒。藻德遇马世奇家人，泣曰：『吾不能为若主，今求死不得。』贼又编排甲，令五家养一贼，大纵淫掠，民不胜毒，缢死相望。征诸勋戚大臣金，金足辄杀之。焚太庙神主，迁太祖主于帝王庙。

时贼党已陷保定，李建泰降，畿内府县悉附。山东、河南遍设官吏，所至无违者。及淮，巡抚路振飞发兵拒之，乃去。自成谓真得天命，金星率贼众三表劝进，乃从之，令撰登极仪，诹吉日。及自成升御座，忽见白衣人长数丈，手剑怒视，座下龙爪鬣俱动，自成恐，亟下。铸金玺及永昌钱，皆不就。闻山海关总兵吴三桂兵起，乃谋归陕西。

初，三桂奉诏入援，至山海关，京师陷，犹豫不进。自成劫其父襄，作书招之，三桂欲降。至滦州，闻爱姬陈沅被刘宗敏掠去，愤甚，疾归山海，袭破贼将。自成怒，亲部贼十余万，执吴襄于军，东攻山海关，以别将从一片石越关外。三桂惧，乞降于我大清。四月二十二日，自成兵二十万，阵于关内，自北山亘海。我兵对贼置阵，三桂居右翼末，悉锐卒搏战，杀贼数千人，贼亦力斗，围开复合。战良久，我兵从三桂阵右突出，冲贼中坚，万马奔跃，飞矢雨堕，天大风，沙石飞走，击贼如雹。自成方挟太子登高冈观战，知为我兵，急策马下冈走。我兵追奔四十里，贼众大溃，自相践踏死者无算，僵尸遍野，沟水尽赤。自成奔永平，我兵逐之。三桂先驱至永平，自成杀吴襄，奔还京师。

时牛金星居守，诸降人往谒，执门生礼甚恭。金星曰："讹言方起，诸君宜简出。"由是降者始惧，多窜伏矣。自成至，悉镕所拷索金及宫中帑藏、器皿，铸为饼，每饼千金，约数万饼，骡车载归西安。二十九日丙戌僭帝号于武英殿，追尊七代皆为帝后，立妻高氏为皇后。自成被冠冕，列仗受朝。金星代行郊天礼。是夕焚宫殿及九门城楼。诘旦，挟太子、二王西走，而使伪将军左光先、谷可成殿。

五月二日，我大清兵入京师，下令安辑百姓，为帝后发丧，议谥号，遣将偕三桂追自成。时福王已监国南京，大学士史可法督师讨贼。自成至定州，我兵追之，与战，斩谷可成，左光先伤足，贼负而逃。自成西走真定，益发众来攻，我兵复击之。自成中流矢创甚，西逾故关，入山西。会我兵东返，自成乃鸠合溃散，走平阳。

李岩者，故劝自成以不杀收人心者也。及陷京师，保护懿安皇后令自尽。又独于士大夫无所拷掠，金星等大忌之。定州之败，河南州县多反正，自成召诸将议，岩请率兵往。金星阴告自成曰："岩雄武有大略，非能久下人者。河南，岩故乡，假以大兵，必不可制。十八子之谶，得非岩乎？"因谮其欲反。自成令金星与岩饮，杀之，贼众俱解体。

自成归西安，复遣贼陷汉中，降总兵赵光远，进略保宁。时献忠以兵拒之，乃还。八月建祖祢庙成，将往祀，忽寒栗不能就礼。自成始以岩言，谬为仁义，及岩死，又屡败，复强很自用，伪尚书张第元、耿始然皆以小忤死。制铜镆，官吏坐赇，即镆斩。民盗一鸡者死。西人大惧。

顺治二年二月，我兵攻潼关，伪伯马世耀以六十万众迎战，败死。潼关破，自成遂弃西安，由龙驹寨走武冈，入襄阳，复走武昌。我兵两道追蹑，连蹙之邓州、承天、德安、武昌，穷追至贼老营，大破之者八。当是时，左良玉东下，武昌虚无人。自成屯五十余日，贼众尚五十余万，改江夏曰瑞符县。寻为我兵所迫，部众多降，或逃散。自成走咸宁、蒲圻，至通城，窜于九宫山。秋九月，自成留李过守寨，自率二十骑略食山中，为村民所困，不能脱，遂缢死。或曰村民方筑堡，见贼少，争前击之，人马俱陷泥淖中，自成脑中椽死。剥其衣，得龙衣金印，眇一目，村民乃大惊，谓为自成也。时我兵遣识自成者验其尸，朽莫辨。获自成两从父伪赵侯、伪襄南侯及自成妻妾二人，金印一。又获伪汝侯刘宗敏、伪总兵左光先、伪军师宋献策。于是斩自成从父及宗敏于军。牛金星、宋企郊等皆遁亡。

自成兄子过改名锦，偕诸贼帅奉高氏降于总督何腾蛟。时唐王立于闽，赐锦名赤心，封高氏忠义夫人，号其军曰忠贞营，隶腾蛟麾下。永明王时，赤心封兴国侯，寻死。

【译文】

李自成，米脂人，世代居住在怀远堡李继迁寨。他的父亲李守忠，没有儿子，到华山祈祷，梦见神灵告诉说：『让破军星做你的儿子。』后来，生了自成。小时候在乡里艾姓的大户人家牧羊，长大了，当银川驿站的驿卒。擅长骑马射箭，打斗凶狠不讲道理，几次犯了法。知县晏子宾逮捕了他，准备把他杀掉，他逃跑去当了屠夫。天启末年，魏忠贤的党羽乔应甲做陕西巡抚，朱童蒙做延绥巡抚，贪得无厌不追查强盗，因此盗贼也就起来了。

崇祯元年，陕西大饥荒，延绥缺乏粮饷，固原的兵卒抢劫了州的库房。白水的盗贼王二、府谷的盗贼王嘉胤，宜川的盗贼王左挂、飞山虎、大红狼等等，一时间一齐起事。有个安塞的马贼叫高迎祥的，是李自成的舅舅，和饥民王大梁聚众响应他们。高迎祥自称闯王，王大梁自称大梁王。崇祯二年春天，下诏派杨鹤任三边总督，搜捕他们。参政刘应遇出击杀了王二、王大梁，参政洪承畴打垮了王左挂，盗贼开始感到害怕。刚好京都戒严，山西巡抚耿如杞的勤王部队向西哗变，延绥总兵吴自勉、甘肃巡抚梅之焕的勤王部队也溃散了，和众强盗会合在一起。延绥巡抚张梦鲸气死了，洪承畴接替了他，召用前任总兵杜文焕指挥延绥、固原的部队，有机会就剿灭盗贼。

三年，王左挂、王子顺、苗美等贼屡次战败，乞求投降。王嘉胤却在延安、庆阳之间抢掠，杨鹤招抚他，不接受，从神木渡过黄河进犯山西。这时秦地所征收的税赋叫新饷、均输、间架，名目日益增多，官吏借此来取巧，百姓非常困苦。因为给事中刘懋的提议，撤了驿站，山西、陕西仰仗驿站糊口的游民，没有地方能找到吃的，都依附了盗贼，流贼开始壮大。兵部郎中李继贞上奏说：『延安的百姓饥荒，就快要全部做贼了，请求从国库拿十万两银子赈济他们。』皇帝不接受。王嘉胤已经攻破了黄甫川、清水、木瓜三座城堡，攻陷了府谷、河曲。又有神一元、不沾泥、可天飞、郝临菴、红军友、点灯子、李老柴、混天猴、独行狼等盗贼，在各自存身的地方一窝蜂地起事，有的劫掠秦地，有的向东入晋，屠戮攻占城堡。官军东追西击，流贼有的投降有的死了。一下子消亡了一下子又兴起。延安的盗贼张献忠也聚众占据了十八个营寨，号称八大王。

崇祯四年，孤山副将曹文诏在河曲打败了盗贼，王嘉胤跑掉了。后来，又从岳阳突然进犯泽州、潞州，被左右随从杀了，他的党羽一齐推举外号叫紫金梁的王自用当首领。王自用联合群贼老回回、曹操、八金刚、扫地王、射塌天、阎正虎、满天星、破甲锥、邢红狼、上天龙、蝎子块、过天星、混世王等人以及高迎祥、张献忠一共三十六营，二十多万人，聚集在山西。李自成就和侄儿李过去追随高迎祥，和张献忠等贼会合，号称闯将，没有什么名气。杨鹤招抚流贼不成功被逮捕了，洪承畴接替杨鹤，张福臻接替了洪承畴，指挥曹文诏、杨嘉谟等将官清剿流贼，所到之处都打胜仗，陕西稍为安定了。但是山西盗贼非常盛行，在宁乡、石楼、稷山、闻喜、河津之间抢掠。

崇祯五年，流贼分头四处出击，接连攻陷了大宁、隰州、泽州、寿阳等州县，整个山西都震动了。于是撤了巡抚宋统殷，派许鼎臣接替他，和宣大总督张宗衡分别指挥各将军。张宗衡指挥虎大威、贺人龙、左良玉等部队八千人，驻守平阳，负责平阳、泽州、潞州四十一个州县。许鼎臣指挥张应昌、颇牧希、艾万年部队七千人，驻防汾州，负责汾州、太原、沁州、辽州三十八个州县。流贼也转移进了磨盘山，把部队分成三路：阎正虎占据交城、文水，窥伺太原；邢红狼、上天龙占据吴城，窥伺汾州；王自用、张献忠突击沁州、武乡，攻陷辽州。

崇祯六年春天，官军一齐出兵合力进击。王自用害怕，向前任锦衣佥事张道浚乞降。还没有谈判好，阳和的官军袭击了他。贼人发怒，毁约跑了。正好总兵官曹文诏率领陕西的部队来到，和猛如虎、虎大威、颇希牧、艾万年、张应昌等将官一起进剿，屡次战斗都打了大胜仗。先后杀了混世王、满天星、姬关锁、翻山动、掌世王、显道神等贼，打败了王自用、张献忠、老回回、蝎子块、扫地王等贼。那以后，王自用又被四川将官邓玘射死了。山西的三大股强盗都打败了。

当初，流贼攻破泽州的时候，分出了一部分人，向南越过了太行山，劫掠了济源、清化、修武，围困了怀庆。官军进攻他们，他们就跑掉了，其他流贼又进入了西山，大肆在顺德、真定之间抢掠。大名道卢象升奋力作战打退了流贼。贼人从邢台摩天岭向西去，到达武安，打败了总兵左良玉，河北三府几乎全都被焚烧抢掠了。潞王上疏告急，并要求保卫凤阳、泗州的陵寝。圣诏特别派总兵倪宠、王朴率领驻京部队六千人，和众将官一齐进剿。贼人得知这消息，想从河内跑往太行山。曹文诏截击他们，他们不敢进发了。

在山西打了败仗的盗贼，亦跑到了黄河北岸一起驻扎，高迎祥、李自成、张献忠、曹操、老回回等都到了。北京的官军在后面紧逼，左良玉、汤九州等扼守在前面，一连在青店、石冈、石坡、牛尾、柳泉、猛虎村开战，屡次打败了盗贼。贼人想逃跑，被黄河挡住了，非常危急。贼人一向害怕曹文诏、张道浚，道浚先因犯事被发遣戍边，曹文诏转战秦、晋、河北，遇到盗贼就打大胜仗，御史又弹劾他骄傲自大，调到了大同当总兵。贼人于是欺骗说要投降，监军太监杨进朝相信了，替他们上奏。碰上天气寒冷黄河面冻合了，贼人突然从毛家寨策马一直过了河。河南各部队都没有扼守黄河，于是盗贼一连攻陷了渑池、伊阳、卢氏三个县。河南巡抚玄默和各将官率大部队对付他们，贼人逃窜到了卢氏山里，从小路一直到了内乡，抢掠郧阳，又分头抢掠南阳、汝宁，攻入枣阳、当阳，逼近湖广。巡抚唐晖召集部队守卫着辖区。流贼进犯归、巴、夷陵等地，攻破夔州，攻打广元，进逼四川，所到之处都告急。

崇祯七年春天，特别设置了山西、陕西、河南、湖南、四川总督，专门对付流贼，派延绥巡抚陈奇瑜担任，派卢象升安抚管治郧阳，因为陈奇瑜在延水关打败流贼有威名，而卢象升历经战阵懂得用兵。于是陈奇瑜从均州入境，和卢象升一起进军，部队停驻乌林关，杀了盗贼数千人。流贼跑到了汉南，陈奇瑜认为湖广不用担心，带着兵向西进击。

当初，流贼从渑池渡过黄河时，高迎祥实力最强大，李自成是他的部属。等到进入了河南，自成和侄子李过联合李牟、俞彬、白广恩、李双喜、顾君恩、高杰等人自己建立一支部队。李过、高杰善于作战，顾君恩善于谋划。陈奇瑜的部队来到时，张献忠等跑到了商、洛，李自成等失陷在兴安的车箱峡，碰巧下了两个月大雨，马匹缺乏草料大都死了，弓和箭都脱了胶，自成采用顾君恩的计谋，贿赂陈奇瑜的左右随从，假装要投降。陈奇瑜心里轻视贼人，答应了，晓谕各将领约束部队不要追杀，降兵所经过的州县为他们准备粮食接送。贼人刚过了栈道，马上大声鼓噪，杀遍了路过的七个州县，略阳的几万贼人也来会合，贼人的气势更加壮大。陈奇瑜因此被革职，而自成开始名声卓著了。

以后，洪承畴接替了陈奇瑜，李乔巡抚陕西，吴甡巡抚山西。大学士温体仁对吴甡说：『流贼是癣疥一样的小毛病，不用担忧。』不多久，西宁的部队变乱，洪承畴刚接受命令向东去，得知变故马上折返。高迎祥、李自成就进入巩昌、平凉、临洮、凤翔各府的几十个州县，打败了贺人龙、张天礼的部队，杀了固原道陆梦龙。围困了陇州四十多天，洪承畴征调总兵左光先和贺人龙联合进攻，打垮了流贼。正好朝廷也命令豫、楚、晋、蜀的军队分四路进入陕西，于是高迎祥、李自成就逃进了终南山。之后向东出击，攻陷了陈州、灵宝、汜水、荥阳。得知左良玉就要到了，把部队移到梅山、溱水之间驻扎。一部分贼人攻占了上蔡，烧了汝宁外围的城墙。朝廷就命令洪承畴出关追击流贼，和山东巡抚朱大典合力进攻，贼人侦察知道了这一情况。

崇祯八年正月在荥阳大聚会。老回回、曹操、革裹眼、左金王、改世王、射塌天、横天王、混十万、过天星、九条龙、顺天王和高迎祥、张献忠一共十三家七十二营，商议抵御官军，未有结果。李自成献计说：『一个人尚且要奋发，何况是十万人呢，官军是不会有什么作为的。应该分兵各定方向，成败都听任上天安排。』都说：『好。』于是议定革裹眼、左金王抵挡四川、湖广的官军，横天王、混十万抵挡陕西的官军，曹操、过天星扼守黄河河面，高迎祥、张献忠和李自成等攻打东面，老回回、九条龙往来接应。陕西的官军精锐，加派射塌天、改世王。所攻破的城池，男女玉帛大家均分。大家按自成说的去做。

先前，南京兵部尚书吕维祺恐怕流贼向南进犯，请求加强防卫凤阳的陵寝。这一请求得不到上报。等到高迎祥、张献忠向东进发，江北的兵力薄弱，固始、霍丘都失守了，贼人烧了寿州，攻陷了颍州，知州尹梦鳌、州判赵士宽战死了，前任尚书张鹤鸣被杀。乘胜攻陷了凤阳，烧了皇陵，留守署正朱国相等人都战死了。听到消息，皇帝穿着丧服哭泣，派官员去禀告太庙。把漕运都御使杨一鹏抓起来杀了，派朱大典接替他，大举调派军队征讨盗贼。贼人就在旗帜上用大字写着古元真龙皇帝，伴着歌乐痛饮。李自成向张献忠要善于奏乐的守皇陵的小太监，张献忠不给。自成发怒，和高迎祥向西去了归德，和曹操、过天星会合，重新进入陕西。张献忠独自向东去了庐州。

洪承畴正赶到汝州，命令左良玉、汤九州、尤世威、徐来朝、陈永福、邓玘、张应昌各将分别扼守湖广、河南、郧阳各处关隘，召用曹文诏任中军官。文诏还没有到任，邓玘因为部队叛乱死了。高迎祥、李自成从终南山出来，大肆抢掠富平、宁州。老回回、张献忠、曹操、蝎子块、过天星等盗贼，听说洪承畴出关，先后都跑到陕西，焚烧抢掠西安、平凉、凤翔各郡县。洪承畴马上赶回救援，分别派各将进攻老回回等贼，命令副总兵刘成功、艾万年在宁州进攻高迎祥、李自成。艾万年中了埋伏战死了。曹文诏发怒，再进攻，也中埋伏战死了。成群盗贼乘胜抢掠地方，火光照到了西安城里。洪承畴在泾阳、三原之间极力抵御贼人，决心死战，贼人不能通过。张献忠、老回回等贼人从其他路掉头突击朱阳关，守关将领徐来臣部队溃败死了。尤世威中箭逃走了。于是群贼都出了关，分为十三营向东进犯，只有高迎祥、自成留在陕西。

当时卢象升已经改任湖广巡抚，总理直隶、河南、山东、四川、湖广等地的军务。圣诏命令洪承畴督管关中，卢象升督管关外，盗贼也分了兵，高迎祥夺取武功、扶风以西，李自成夺取富平、固州以东。洪承畴派军队追击李自成，打了小胜仗，到了醴泉。有个和自成妻子刑氏私通的贼将高杰，害怕被杀，挟持邢氏来投降。洪承畴亲自追击李自成，在渭南、临潼大战，自成大败向东逃跑。高迎祥也屡次打败仗，向东越过华阴南面的原野，翻不过山岭，和自成一起出了朱阳关，与张献忠会合。冬十一月，贼群逼近阌乡，左良玉、祖宽抵挡不住，于是攻下了陕州，进军攻打洛阳。河南巡抚陈必谦指挥左良玉、祖宽援救洛阳。张献忠跑到了嵩州、汝州，高迎祥、李自成跑到了偃师、巩县，夺取了鲁山、叶县，攻陷了光州，卢象升在确山打败了他们。

崇祯九年春天，高迎祥、李自成攻打庐州，没打下。攻下了含山、和州，杀了知州黎弘业以及在籍的御史马如蛟等人。又攻打滁州，知州刘大巩、太仆卿李觉斯坚守着没有打下。卢象升亲自指挥祖宽、罗岱、杨世恩等前来支援，在朱龙桥开战，贼人大败，尸体堵塞河水也流不过。贼人向北攻打寿州，前任御史方震孺坚守着。掉头向西，进入归德，边关将领祖大乐打败了他们，跑到密县、登封，前任总兵汤九州战死了。分头进攻南阳、裕州，陈必谦增援南阳，卢象升增援裕州，命令祖大乐等进攻贼人，把高迎祥、李自成的精锐几乎全杀光了。贼人重新分兵再次进入陕西，高迎祥从郧、襄赶往兴安、汉中，李自成从南山越过商、洛跑到延绥，进犯巩昌北面的地方。左光先、曹变蛟各将打败了他们，李自成跑到了环县。不多久，官军在罗家山打败，人马器械全都损失了，总兵官俞冲霄被抓了。自成的气势重新振作，去围困了绥德，想向东渡过黄河，山西的官军挡住了他。再向西夺取了米脂，叫知县边大绥，说：『这是我的故乡，不要虐待我的父老乡亲。』留下钱财给他，叫他修整文庙。准备袭击榆林，黄河突然水涨，贼人淹死了很多，于是改道，从韩城向西去。

当时卢象升和祖大乐、祖宽等都入京救援。孙传庭新任陕西巡抚，决心要剿灭流贼。秋七月，在盩厔抓住了高迎祥，到宫门前献俘，肢裂处死了。于是贼人就一起推举自成做了闯王。这个月，进犯了阶州、徽州。不多久，从汧州、陇州出发，进犯凤翔，渡过了渭河。

崇祯十年进犯泾阳、三原。蝎子块、过天星都来会合。孙传庭指挥曹变蛟一连作战了七天，都打赢了，蝎子块投了降。李自成和过天星跑往秦州。进入四川，攻陷了宁羌，打破了七盘关，陷落了广元，总兵官侯良柱战死了，于是接连打下了昭化、剑州、梓潼、江油、黎雅、青州等州县。剑州知州徐尚卿、吏目李英俊，昭化知县王时化、郫县主簿张应奇、金堂典史潘梦科都死了。攻打成都，七天都未能攻下，巡抚王维章由于躲避盗贼被追究。

崇祯十一年春天，官军在梓潼打败了流贼，李自成跑往白水，粮食耗尽了。洪承畴、孙传庭在潼关原野一起出击，打垮了他。李自成的部队全部打散了，只和刘宗敏、田见秀等十八人骑马突围，跑到商、洛山里躲了起来。这一年，张献忠投降了，李自成的气势更加衰微。洪承畴改任蓟辽总督，孙传庭改任保定总督。孙传庭托病推辞，被逮捕关进了监牢。这两人走了，李自成稍稍得到安定。总理熊文灿正主张招抚，有侦察的人报告说自成死了，就更加松懈了。

崇祯十二年夏天，张献忠在谷城造反。李自成非常高兴，出山收拢部众，部众重新大批聚集。陕西总督郑崇俭派兵包围他们，下令说：『包围敌军一定要留缺口。』自成就从缺口处逃走了，突破武关，去依附张献忠。张献忠想算计他，自成发觉后逃走了。杨嗣昌在夷陵指挥部队，晓谕要他投降，自成讲出些轻慢的话来。官军把自成围困在巴西、鱼复等山里，自成非常窘迫，想上吊自杀，被养子李双喜劝阻了，贼将大多都出山投降了。刘宗敏，是蓝田的锻工，最骁勇，也想投降。自成和他走入一丛祠堂，望着他叹气说：『有人说我应该当皇帝的，为什么不占卜一下，不吉，杀了我的头去投降吧。』刘宗敏答应了，卜了三次都是吉。宗敏回去，杀了自己的两个妻子，对自成说：『我死也要追随你。』军队里的壮士得知，也有许多杀了妻子愿意追随的。自成于是把辎重全烧光了，轻骑从郧、均去河南。河南大旱，一斛谷值一万钱，饥民追随李自成的几万人。于是从南阳出发，攻打宜阳，杀了知县唐启泰。攻打永宁，杀了知县武大烈，杀了万安王朱采鋞。攻打偃师，知县徐日泰骂着贼人殉难。当时是崇祯十三年十二月。

自成的模样颧骨高耸面颊凹陷，眼像鹰鼻像鹞鸟，声音像豺狗。生性猜疑残忍，每天杀人斩脚挖心来取乐。经过的地方，百姓都守着坞堡不出来。杞县有个叫李信的举人，是逆案中尚书李精白的儿子，曾经拿出粮食赈济饥民，饥民感激他说：『李公子救活了我。』碰巧绳伎红娘子造反，掳走了李信，强行嫁给他。李信逃了回来，官府把他当贼，囚禁在狱中。红娘子来救人，饥民们响应她，一齐救出了李信。卢氏举人牛金星因磨勘被斥责，私下加入李自成的部队做策划，偷偷地回来了，事情败露被判斩首，后来得到了减刑。这两个人都去投奔李自成，自成非常高兴，改了李信的名字叫岩。牛金星又引荐一个叫宋献策的占卜人。身高三尺多，呈上谶记说：『十八子，主神器。』自成非常高兴。李岩就说道：『夺取天下要以民心为基础，请不要杀人，获取天下的民心。』自成听从了他，减少了杀戮。又散发抢来的财物赈济饥民，拿到粮食的饥民，分不出李岩、李自成，混在一起喊：『李公子救活了我。』李岩又编歌谣说：『迎闯王，不纳粮。』让儿童唱着加以煽动，追随自成的人日益增多。

崇祯十四年正月进攻河南，有驻军勾结贼人，城就陷落了。福王朱常洵遇害。自成用兵器勺福王的血，混在鹿肉酱里吃，命名为『福禄酒』。福王的世子朱由崧光着身子跑掉了。自成散发了王府的钱财赈济饥民，就移师进攻开封。当时张献忠也攻陷了襄阳，杀了襄王朱翊铭。在开封当王的周王朱恭枵，得知盗贼来了，急忙调用库房的钱财招募敢死队，和巡抚都御史高名衡等人坚守。自成攻打了七天七夜，解围走了，屠戮了密县。强盗头领罗汝才、土匪袁时中都归附了李自成。袁时中部众二十万，号称小袁营。罗汝才就是『曹操』，是和张献忠一起投降又反叛的。

自成当初是高迎祥的裨将，到这时声势非常浩大。皇帝任用前任尚书傅宗龙当陕西总督，让他专门对付李自成，另外命令保定总督杨文岳会师。傅宗龙赶入关，向巡抚汪乔年调兵，兵已经派光了，于是征调河南大将李国奇，贺人龙的部队做部属，马上出关。杨文岳率领虎大威部队一齐到了新蔡，和李自成遭遇。贺人龙的部队先跑了，李国奇、虎大威的也相继跑了，傅宗龙、杨文岳让亲兵筑起工事固守。晚上，杨文岳部队溃败跑到了陈州，傅宗龙和贼人相持了几天，粮食吃光了，突围逃跑，被抓住杀了。自成攻陷了叶县，杀了副将刘国能，再把左良玉围在了郾城。

汪乔年接替傅宗龙任总督，出关，驻在襄城，自成派出所有的精锐攻打他，汪乔年和副将李万庆都死了。被自成割鼻砍脚的读书人有一百九十人。于是乘胜攻陷了南阳、邓州十四座城池，再次围攻开封。巡抚高名衡、总兵陈永福极力抵御他们，放箭射中了自成的眼睛，发炮打死了上天龙等贼人，自成更加愤怒了。

自成每次攻城，不用古人用云梯冲击的办法，专取砖，拿到一块砖的就回营休息，落后的一定杀头。拿了砖以后，就在城墙挖洞。洞开始仅能容纳一个人，渐渐地可以容纳一百几十人，一个接一个地把土背出来。每隔三五步，留下一条土柱，用粗绳绑着。挖完了，许多人扯着绳子一声喊，土柱折断城墙也就崩塌了。高名衡在城上横向凿出通道，听到下面有声音，用毒药和污物灌下去，贼人多数死了。贼人就到城墙挖烂的地方用火攻的办法，把火药填满瓮中，点燃后火药爆炸，碰到的东西都炸得粉碎，起名叫放迸。

崇祯十五年正月，城墙塌了一半，贼人用放迸法攻城，数千名铁甲骑兵奔驰鼓噪，专等城墙炸毁就拥入城里。城是以前宋朝的都城汴梁，金人重新修筑过的。城墙厚数丈，土质坚实，火药向外爆炸，贼人的骑兵多数死了，自成惊骇地撤走了。向南攻陷西华，不久屠戮了陈州，副使关永杰、知州侯君擢都骂着贼人殉难了。归德、睢州、宁陵、太康数十个郡县，都摧残焚毁了，商丘知县梁以樟受伤晕倒醒过来时，全家已被杀了。

之后，重新攻打开封，筑起长长的工事做持久战的打算。圣诏起用孙传庭为总督，释放了前任尚书侯恂命令他指挥军队，征召左良玉援救开封。左良玉到朱仙镇，打了大败仗，跑到了襄阳。各部队都驻扎在黄河北岸，不敢前进。开封没有粮食了。山东总兵刘泽清也奉诏来到。孙传庭知道开封危急，在西安大举召集各将官，急忙出关来救援。还没有到，高名衡等人商量在朱家寨口挖开黄河堤岸用水淹没贼人，贼人也在马家口挖河堤准备引水淹城。秋九月癸未，天下起大雨，两处一起决堤，声音像打雷一样，洪水冲破城北门进城，从东南门穿出去，流入涡水。城里百万户人家都淹没了，能够逃脱的只有周王、王妃、王世子以及抚按以下不足二万人。贼人也淹死了一万多，就转移向西南方去了。

先前，有叫老回回的马守应、叫革里眼的贺一龙、叫左金王的贺锦、叫争世王的刘希尧、叫乱世王的蔺养成，都依附了李自成，当时叫作『革左五营』。自成就向西去迎击孙传庭的兵马，在南阳遭遇，孙传庭部溃散逃走，这就是河南人所说的柿园之败。这时大清军队向南侵袭，京城正告急，朝廷没有工夫再去征剿流贼。自成于是聚集贼众，连营五百多里，再次屠戮了南阳，进攻汝宁。总兵虎大威中炮死了。杨文岳被杀。自成就胁迫崇王朱由樻随军，从确山、信阳、泌阳去襄阳。左良玉向南望风而逃，自成进入了襄阳。分头要襄阳属下的城池和德安各州县归顺，都占领了，再攻破了夷陵、荆门州。李自成亲自攻打荆州，湘阴王朱俨钾被杀，烧了献陵的木城，烧毁了宫殿。

崇祯十六年春天攻陷承天，准备掘开献陵，山谷里有声音震响，感到害怕就放弃了。向附近攻取潜山、京山、云梦、黄陂、孝感等州县，都打下了。先头部队逼近汉阳，左良玉跑到了九江。攻打郧阳，抚治都御史徐起元和王光恩奋力守卫没有被攻克。王光恩，是归降反正的贼人。

李自成自己号称奉天倡义大元帅，给罗汝才起名号为代天抚民威德大将军。分派他的部下，叫标营，领兵百队；叫前、后、左、右营，各领兵三十多队。标营是白色旗黑色大旗，李自成独自一支白色长穗银枪头的大旗；左营的旗白色，右营的红色，前营的黑色，后营的黄色，大旗和各自的颜色相随。五个营按顺序轮值一昼夜，顺次序休息，巡查严密。逃跑的叫落草，肢裂处死。收罗十五岁以上、四十岁以下的男人当兵，每精兵一个，有喂马、掌管器械、炊事的人十个。军令不许私藏金银，经过城镇不许入屋居住，除了妻子不许带其他妇女。睡觉都用单布帐幕。绵甲近百层厚，弓箭火炮都打不进。一个兵士饲养三四匹马，冬天就用被单包着马蹄。把人的肚子剖开做马槽来喂马，马看到人，就像虎豹一样磨牙想咬人。部队没有行动，就出去较量骑射，叫作站队。晚上四更，人马都吃饱了来听候命令。经过崇冈峻岭，策马直上。河流只是害怕黄河，像淮、泗、泾、渭等河，就成万人把足翘到马背上，或者抱着马颈拉着马尾，呼啸着渡河，马蹄引起的淤塞，河水也流不过。到了作战，排出三万骑兵，叫作三堵墙。前面的想后退，后面的就杀了他。久战不胜，骑兵就诈败引诱官军，三万持长枪的步兵，飞快地出击猛刺，骑兵回过头来进攻，没有不大获全胜的。攻打城池，投降的不杀，守一天杀十分之三，守两天杀十分之七，三天就全部屠戮。凡杀了人，把尸首扎起来点燃，叫作打亮。

城池将要攻陷，步兵近万人围在城墙下，骑兵巡查，没有一个能够幸免的。张献忠虽然十分残忍，也比不上。各营比较战利品，缴获马骡的得上赏，弓箭铅弹火枪的低一等，钱帛的又再低一等，珠玉的最下等。

李自成不喜好酒色，饮食粗糙，和部下同甘共苦。罗汝才有妻妾数十人，衣服华美，帐下有几班女乐，自己奉养优厚，自成曾经嗤笑看不起他。罗汝才部众数十万，用山西举人吉珪任参谋。李自成善于攻城，罗汝才善于作战，两人相互配合像左右手。自成打下了宛、叶，攻克了梁、宋，兵力强大人才归附，产生专制的念头，只是避忌罗汝才。于是召请和罗汝才好的贺一龙饮宴，绑了起来，早晨派二十名骑兵到营帐里杀了罗汝才，把他的部众全兼并了。

自成在中州时，所占领的城池都烧掉。及至渡过汉江，计划以荆、襄做根据地，改襄阳叫襄京，修整襄王的宫殿住进去。改禹州叫均平府，承天府叫扬武州，其他府县大多有改名的。

牛金星教他创制官爵名号，大举设置部门。李自成没有儿子，侄子李过和妻弟高一功，轮流在左右担任亲信。田见秀、刘宗敏为权将军，李岩、贺锦、刘希尧等为制将军，张鼐、党守素等为威武将军，谷可成、任维荣等为果毅将军，一共五营二十二位将官。又设置上相、左辅、右弼、六政府侍郎、郎中、从事等官职。军事要地设防御使，府的叫尹，州的叫牧，县的叫令。封崇王朱由横为襄阳伯、邵陵王朱在城为枣阳伯、保宁王朱绍圯为宣城伯、肃宁王朱术桵为顺义伯。任张国绅为上相，牛金星为左辅，来仪为右弼。张国绅，安定人，曾官至参政。降顺以后，献文翔凤的妻子邓氏去讨好李自成。自成厌恶他伤害同类，杀了他，让邓氏回到文家。六政府侍郎是石首喻上猷、江陵萧应坤、招远杨永裕、米脂李振声、江陵邓岩忠、西安姚锡胤，不久让宣城丘之陶接替李振声当兵政府侍郎。其他接受伪职的很多，不详细记载了。

派高一功、冯雄守襄阳，任继光守荆州，蔺养成、牛万才守夷陵，王文曜守沣州，白旺守安陆，萧云林守荆门，谢应龙守汉川，周凤梧守禹州。于是河南、湖广、江北各股贼人没有不听从命令的。自成已经杀了罗汝才、贺一龙，又袭击杀了蔺养成，夺了马守应的兵权，在杞县攻击杀了袁时中。张献忠正占据武昌，自成派使者道贺，又威胁他说：『老回回已经降服，曹操等人杀掉了，就要到你了。』张献忠非常害怕。向南进入了长沙。

到这时，十三家七十二营各大贼，几乎都死了或投降了，只剩下李自成、张献忠，自成特别强劲，于是自称作新顺王。召集牛金星等人商议用兵的方向。牛金星建议先攻取河北，一直打到京都。杨永裕建议打下金陵，截断京都的粮食来源。从事顾君恩说：『金陵在长江下游，攻占了虽然好，但是太缓慢了。直接攻打京都，打不赢，退到哪里，过于急躁了。关中是大王的故乡，百二山河，占了天下三分之二，应该先攻取那里，建立基业。然后向旁占领三边，充实军力，攻取山西，之后再攻向京都，这样进战退守，万全无失。』自成听从了他。

孙传庭在柿园战败后回到陕西，大力整治军队，制造火车两万辆，招募勇士，让白广恩、高杰率领，想等到贼人缺粮时才出击。朝廷天天催促出战，不得已出了关。任牛成虎、卢光祖当前锋，由灵宝进入洛地。高杰任中军，征调白广恩从新安来会合。河南将官陈永福驻守新滩，四川将领秦翼明出兵商、洛，形成犄角之势。前锋部队在渑池打败了贼人，到了宝丰，再攻下了贼人的城寨。到了郏，李自成率领一万骑兵回头作战，再次大败，几乎被抓住。碰上天下大雨，道路泥泞，粮车走不过。自成派轻骑从汝州出去，拦截粮道。孙传庭就把部队分为三部，命令白广恩从大路，自己带高杰从小路，去迎接粮车，命令陈永福守护军营。孙传庭出发了，陈永福部也争着要出发，不能制止，就被贼人追上了。到了南阳，孙传庭回头作战，贼人布了五重阵，官军打破了三重。之后稍稍退却，火车跑了，骑兵也大举逃跑。贼人放纵铁骑践踏官军，孙传庭大败。李自成派出所有兵力追击，一日一夜追了四百多里，官军死了四万多人，失落兵器辎重数十万。孙传庭跑到河北，掉头跑往潼关，意志沮丧不再振作。

冬十月，李自成攻陷潼关，孙传庭死了，于是接连攻破了华阴、渭南、华、商、临潼。进攻西安，守将王根子开了东门迎纳贼人。自成抓住秦王朱存枢任命为权将军，永寿王朱谊汎任命为制将军。巡抚冯师孔以下死了十多人，布政使陆之祺等都投降了。自成大肆抢掠三天后，下令禁止。改西安叫长安，称为西京。赏赐顾君恩女乐一部，奖赏他入关的计策。大量征调民夫，修整长安城池，开辟马路。自成每三天就亲自到校场校核射箭，老百姓望见黄龙大旗，都趴到地上喊万岁。白广恩、高汝利、左光先、梁甫各将先后都投降了。陈永福因为先前射箭伤了自成的眼，守着山顶不敢下来，自成折箭发誓，招抚他，也投降了。只有高杰因为勾引自成的妻子跑到了延安，被李过追击，转而向东，渡过宜川，挡在蒲津驻守。

自成军队所到之处望风披靡，于是到米脂拜祭祖墓。祖墓先前被官军挖开，遗骨被焚毁抛弃。自成用土把墓封起来。找到同宗族的人，赠予金钱封给爵位才离去。改延安府叫天保府，米脂叫天保县，清涧叫天波府。凤翔不投降，杀光了它。起先，李自成进入陕西，自己说是故乡，不会侵犯，没过一个月照样像以前一样抢掠。又认为士大夫一定不会归附自己，把各乡绅都抓起来拷打，叫缴他们的钱财，死的埋在一堆。榆林一直死守，李过等人攻打不下，自成大举发兵攻陷它。副使都任，总兵王世国、尤世威等，都不屈服被杀了。乘胜攻取了宁夏，屠戮了庆阳，抓了韩王朱亶塉，移师攻打兰州，甘肃巡抚林日瑞等人也死了。进军攻陷了西宁，于是肃州、山丹、永昌、镇番、庄浪都归降了，陕西的地方都归附了李自成，又派贼人渡过黄河，打下平阳，杀了明朝宗室三百多人。高杰跑到了泽州。圣诏派余应桂总督三边，召集守边的部队剿灭贼人，但是整个陕西都陷落了，余应桂没法出发。

崇祯十七年正月庚寅朔，自成在西安称王，超越本分地称国号叫大顺，改元永昌，改名自晟。追封曾祖以下各代，加谥号，奉李继迁为太祖。设置天佑殿大学士，由牛金星担任。增设六政府尚书，设立弘文馆、文谕院、谏议、直指使、从政、统会、尚契司、验马寺、知政使、写书房等官职。任乾州宋企郊为吏政尚书，平湖陆之祺为户政尚书，真宁巩焴为礼政尚书，归安张嶙然为兵政尚书。又设五等爵位，大封功臣，刘宗敏以下九人为侯，刘体纯以下七十二人为伯，子爵三十人，男爵五十五人。制定军队纪律。有一骑扰乱队列的斩首，马跑入禾田的斩首。在册步兵四十万人，骑兵六十万人。兵政侍郎杨王休任都肄。从横门出发，到渭桥，金鼓声震地。命令弘文馆学士李化鳞起草檄文飞马晓谕远近，指责皇上。这天，大风阴霾，四周充满黄雾。得知情形，皇帝非常惊愕，召集大臣们商议。大学士李建泰要求指挥军队，皇帝答应了。

当时山西自从平阳失陷以后，河津、稷山、荥河都失陷了，其他的府县多数望风投诚。二月，李自成渡过黄河，攻破汾州，顺着河曲、静乐，进攻太原，抓住了晋王朱求桂，巡抚蔡懋德死了。向北征服忻州、代州，宁武总兵周遇吉战死了。自成先派小股部队进入故关，夺取大名、真定以北。亲自率领部众沿着边疆向东进犯，攻陷大同，巡抚卫景瑗、总兵朱三乐死。自成杀了代王朱传𤊨，代藩的宗室几乎灭亡了。进犯宣府，总兵姜瓖投降，巡抚朱之冯死了。再进犯阳和，由柳沟进逼居庸，总兵官唐通、太监杜之秩迎降。

三月十三日焚毁了昌平，总兵官李守锉死了。起先，贼人想侦察京都的虚实，往往秘密派人用车拉沉重的货物，到京都贩卖，又命令假扮各部院的属吏，刺探机密。朝廷有什么决议，马上数千里飞马回报。及至贼人抵达昌平，兵部派骑兵探听贼情，贼人就引诱他们投降，没有一个回报的。贼人的小股部队到达平则门，京都还不知道。十七日，皇帝召问大臣们，没有人回答，有的人哭泣，不久贼人围攻九门，城门外原来设置的三大营，都投降了贼人。京师缺乏粮饷很久了，守护女墙的人不够，用内侍去补充。内侍专门负责守城防务，各部门都不敢过问。

十八日，贼人进攻得更急，自成驻扎在彰义门外，派投降的太监杜勋吊入城中见皇帝，要求禅让帝位，皇帝发怒，斥骂赶他走，下诏亲征。黄昏，太监曹化淳打开彰义门，贼人都入了城。皇帝走出皇宫，登上煤山，看见烽火连天，叹息说：『苦了我的百姓啊。』徘徊了很久，回到乾清宫，下令护送太子和永王、定王到戚臣周奎、田弘遇的府第，用剑砍伤长公主，催促皇后自尽。十九日丁未，天还没亮，皇城失守，敲钟召集百官，没有来到的。于是再次登上煤山，在衣襟上写下遗诏，在山亭用丝带上吊，皇帝就驾崩了。太监王承恩在旁边上吊死了。

自成头戴毡笠，身穿青衣，骑着黑花马，进入承天门。伪丞相牛金星，尚书宋企郊、喻上猷，侍郎黎志升、张嶙然等骑马跟着。自成登上皇极殿，占据御座，下令大举搜索皇帝皇后，限百官三日后朝见。文臣自范景文、勋戚自刘文炳以下，殉节的有四十多人。宫女魏氏投河自尽，跟从的有二百多人。象房里的象都哀吼流泪。太子投奔周奎家，不让进，两位王子也没办法藏匿，先后被抓获了，都不屈服，自成把他们关在宫里。长公主晕倒后又苏醒了，抬了出来，命令贼人刘宗敏治疗。

后来，才知道皇上皇后驾崩了，自成命令拿一扇宫门抬了出去，用柳木棺材盛殓，放在东华门外，路过的百姓都掩面痛哭。过了三天己酉，天没亮，成国公朱纯臣、大学士魏藻德率领文武百官入朝恭贺，都穿着素服坐在殿前。自成不出来，众贼人争相嬉戏侮辱各大臣，捶背、脱帽，有的把脚放到脖子上，开心取乐，百官害怕得趴在地上不敢动。太监王德化喝各大臣道：『国亡君丧，你们这些人不想法殡葬先帝，却在这里！』接着哭了，内侍几十人都哭了，魏藻德等人也哭了。顾君恩把这些报告给自成，改殓了帝后，用了天子的衣冠美丽的雉鸡尾毛，加盖了苇蓬，等等。大学士陈演劝即帝位，没答应。封了太子为宋王。放了刑部、锦衣卫关押的囚犯。

自成自从在西安，设立了官吏制度，到这时更把朝廷的官制全改了。六部改叫六政府，司官叫从事，六科叫谏议，十三道叫直指使，翰林院叫弘文馆，太仆寺叫验马寺，巡抚叫节度使，兵备叫防御使，知府州县分别叫尹、牧、令。召见朝廷官员，自成向南面坐下，牛金星、刘宗敏、宋企郊等人一起坐在自成左右，按着品级叫名，分开三等授职。自四品以下少詹事梁绍阳、杨观光等人都接受了伪职，三品以上的只任用前任侍郎侯恂。其余的勋戚，各文武大臣周奎、朱纯臣、陈演、魏藻德等一共八百多人，都送到刘宗敏等人的军营里面，拷打追收贿赂，到了用火烫肉打断脚的程度，各种惨毒都有。魏藻德碰到马世奇的家人，哭着说：『我没办法替你们做主，现在就是想死也不成。』贼人又按户籍编甲，命令五家供养一个贼人，大肆淫掠，老百姓受不了毒害，上吊的到处可以看见。追缴各个勋戚和大臣的钱财，收够了钱就杀了他们。烧了太庙的神主牌，把明太祖的神主牌迁到了帝王庙。

当时贼人已经攻陷了保定，李建泰投降了，京畿内的府县都归附了。在山东、河南遍设官吏，所到之处没有反抗的。到了淮地，巡抚路振飞派兵抵挡他们，贼人才撤走了。自成说是真得天命，牛金星率领贼众三次上表劝进，就接纳了，下令编撰登极的仪式，商定吉日。当自成坐上御座，忽然看到有个白衣人高数丈，手拿着剑怒视着，御座下面的龙爪和龙颈的长毛都动起来，自成害怕，马上跑下来。铸造金玺和永昌钱，都没成功。得知山海关总兵吴三桂起兵，就准备回到陕西。

当初，吴三桂奉诏入关救援，到了山海关，京师就失陷了，吴三桂犹豫不进。自成胁持他的父亲吴襄，写信招抚他，吴三桂想投降了。到了滦州，得知爱姬陈沅被刘宗敏抢走了，非常气愤，迅速回到山海关，打败了贼将。自成发怒，亲自率领十多万贼人，把吴襄抓在军中，向东进攻山海关，另外派将官从一片石越到关外。吴三桂害怕了，向我大清乞降。四月二十二日，自成的部队二十万，在关内布阵，从北山连绵到海边。我大清军队对着贼人设下阵势，吴三桂在右翼边缘，全部派出精锐部队作战，杀了数千贼人，贼人也奋力作战，包围圈开了重新又合上。战斗了很久，我军队从吴三桂阵地右侧突然出击，冲击贼人的中坚，万马奔腾，箭像雨点一样射去，天上刮起大风，飞沙走石，像冰雹一样打向贼人。自成正扶持太子登上高冈观战，发现是我大清的军队，急忙策马下冈逃走。我军追击四十里，贼众大溃败，自相践踏死人无数，整个原野都倒卧着尸体，沟水全变红了。自成跑到了永平，我军追赶他。吴三桂的先头部队到了永平，自成就杀了吴襄，跑回京都。

当时牛金星留守，投降的各人去拜谒，非常恭敬地行门生的礼节。牛金星说：『现在开始有谣言，各位应该深居简出。』于是投降的人开始惊怕，大都潜逃躲了起来。自成到了京城，把拷打追索到的金银和皇宫中的藏金、器皿都熔了，铸成饼，每饼一千两，有数万饼，用骡车载回西安。二十九日丙戌在武英殿僭冒皇帝的称号，追尊祖先七代为皇帝皇后，立妻子高氏为皇后。自成戴着皇冠，摆设仪仗接受百官朝拜。牛金星代表皇帝到南郊举行祭天的仪式。当晚烧了宫殿和九座城门的城楼。第二天早上，挟持太子、两位王子向西逃走，派伪将军左光先、谷可成殿后。

五月二日，我大清军队进入京都，下令安抚收编百姓，替皇帝皇后发丧，议定谥号，派将军和吴三桂一起追击李自成。当时福王已在南京监国，大学士史可法指挥部队征讨贼人。自成到了定州，我军追上了，和他作战，杀了谷可成，左光先脚部受伤，由贼人背着逃跑了。自成向西跑到真定，调动更多部队来作战，我军再次进击。自成被流箭射中伤势严重，向西越过故关，进入山西。正好我军向东返回，自成就聚集溃散的部众，跑到平阳。

李岩，是以前劝自成不要杀戮以收拢民心的。攻陷京都后，保护着懿安皇后让她自尽。又单单对士大夫不进行拷打搜掠，牛金星等人非常忌恨他。定州打了败仗，河南的州县大都反正了，自成召集各将官商议，李岩请求带兵前往。牛金星偷偷告诉自成说：『李岩英勇神武谋略远大，是不会久为人下的。河南，是李岩的故乡，假若给他大量部队，一定不能够控制。十八子的谶语，难道不会是李岩吗？』接着诬陷他想反叛。自成命令牛金星和李岩宴饮，杀了他，众贼人的心都离散了。

自成回到西安，又派贼人攻陷了汉中，招降了总兵赵光远，进占保宁。这时张献忠派兵抵御，就撤回了。八月建成了祖先的宗庙，自成准备去祭祀，忽然寒战不能行礼。自成当初因为听从李岩的建议，假装仁义，及至李岩死了，又屡次战败，重新凶狠刚愎自用，伪尚书张第元、耿始然都因为稍有触犯被杀了。制成铜镆，官吏被判定受贿，就用铜镆杀死。百姓偷一只鸡的也处死。陕西的百姓非常害怕。

顺治二年二月，我军进攻潼关，伪伯马世耀率六十万部众迎战，战败死了。潼关失守，自成就放弃了西安，由龙驹寨跑到武冈，进入襄阳，再跑到武昌。我军分两路追击，一连在邓州、承天、德安、武昌紧逼，穷追到贼人的老营，打垮了贼人八次。在这时，左良玉向东去了，武昌空虚无人。自成屯驻了五十多天，贼众尚有五十多万人，改江夏叫瑞符县。不久被我军追逼，部众大都投降，有的逃走溃散了，自成跑到延宁、蒲圻，到通城，逃进了九宫山。秋九月，自成留下李过守寨，自己率领二十名骑兵到山里抢夺粮食。被村民围困，不能逃脱，就上吊死了。也有人说村民正在修筑堡垒，发现贼人不多，争相上前攻打，贼人人和马都陷进了泥潭，自成头部中了一锄死了。剥下他的衣服，发现龙袍金印，瞎了一只眼，村民才大为惊异，认为他是李自成。当时我军派认识李自成的人去验看那尸体，尸体朽烂不能辨认。抓到自成的两个叔父伪赵侯、伪襄南侯以及自成的两个妻妾，金印一个。又擒获伪汝侯刘宗敏、伪总兵左光先、伪军师宋献策。于是在军中杀了自成的叔父和刘宗敏。牛金星、宋企郊等人都逃掉了。

自成的侄子李过改名为锦，和各贼将奉立高氏向总督何腾蛟投降。当时唐王在福建立国，赐李锦名为赤心，封高氏为忠义夫人，命名他们的军队叫忠贞营，隶属何腾蛟麾下。永明王的时候，李赤心被封为兴国侯，不久便死了。